HERREN GLOBUS

HERREN GLOBUS

Der Dresscode

Fragen des Stils.
Antworten des guten
Geschmacks.

JEROEN VAN ROOIJEN
CLIFFORD LILLEY

orell füssli

«Den Geschmack kann man nicht am Mittelgut bilden,
sondern nur am Allervorzüglichsten.»

Johann Peter Eckermann,
Vertrauter und Sekretär Goethes, 1792–1854

Inhalt

Eine Frage des Stils

Sehr verehrte Herren, der eidgenössische Konsens des Mittelmasses hat ausgedient! Es ist wieder an der Zeit, das Heft selbst in die Hand zu nehmen und das Beste aus sich zu machen. Denn «Kleider machen Leute» – Gottfried Kellers Novelle ist so aktuell wie selten zuvor. Seit Vorzeige-Männer wie Brad Pitt, George Clooney oder Tom Ford gezeigt haben, dass modischer Schliff auch für gestandene Mannsbilder ein Thema ist, sieht sich das «starke Geschlecht» vermehrt mit weichen Faktoren konfrontiert.

Was lässt mich gut aussehen? Welche Kleidung gibt meiner Persönlichkeit einen würdigen Rahmen, akzentuiert meine Haltung und die Vorteile meiner Figur? Was ist zu welcher Tageszeit und in welchem sozialen Umfeld angemessen – und was nicht? Wie lernt man, mit dem Arsenal der Garderobe spielerisch umzugehen? Kann ich lässig und trotzdem korrekt angezogen sein?

Antworten auf diese Fragen findet der Mann allerdings kaum, nicht im Fernsehen, nicht in der Zeitung und schon gar nicht in der Schule, wo die ästhetische Erziehung zuverlässig vernachlässigt wird. Wenn er Glück hat, findet er in einschlägigen Männermagazinen ein paar Tipps – aber nur, wenn er den Nerv hat, sich durch Dutzende Seiten mit Fotos leicht bekleideter Damen und schneller Autos durchzuackern. Dabei wird er feststellen: Das «Anything goes», welches die letzten Jahrzehnte der Männermode prägte, ist einem neuen Interesse für Bekleidungskultur gewichen. Und auch für den Freund der Casual-Mode gelten gewisse Spielregeln.

Mode ist das universellste nonverbale Kommunikationsmittel. Aus- und Weiterbildung in diesem Bereich sind für beruflichen wie privaten Erfolg also essenziell. Herren Globus hat sich, nicht zuletzt mit dem populären Bekleidungsworkshop «Fragen des Stils», als Kompetenzzentrum in Fragen des zeitgemässen Dresscodes positioniert. Es ist uns – durchaus auch im eigenen Interesse – ein Anliegen, den maskulinen Spürsinn für ein angemessenes und zeitgemässes Outfit zu schärfen. Der Zuspruch, den wir in diesen Seminaren verzeichnen durften, hat uns angespornt, noch einen Schritt weiter zu gehen.

Die nun vorliegende, komplett überarbeitete Neuauflage des Nachschlagewerks «Der Dresscode» bündelt die Erfahrungen an der Front und bietet einen Überblick über die wichtigsten Fragen des Anziehens. Es versteht sich als zuverlässiger Partner in allen Fragen der Garderobe und will den Männern in ganz alltäglichen Dingen ein Ratgeber sein, der Spass macht und mit dem sie das Beste aus sich herausholen können.

Urs Leuenberger

Unternehmensleiter Herren Globus

BOSS

HUGO BOSS

Die Neubewertung des Anzugs

Seit den Fünfzigerjahren, als «sich fein anziehen» das letzte Mal richtig von Bedeutung war, hat sich einiges getan. Die saisonal sich erneuernde Männermode, die es damals noch kaum gab, hat sich fulminant entwickelt und mit der Damenmode gleichgezogen. Die positive Bilanz ist: Der Mann verfügt heute über eine nie da gewesene Palette von Optionen und Stilen, mit denen er sich kleiden kann – er ist mit Leib, Seele und Hülle Individualist geworden. Deshalb wollen Regeln heute so angelegt sein, dass sie Freiräume lassen. Die Bekleidungskonventionen sind in den Augen der neuen Generation dazu da, sie mit eigenen Augen zu interpretieren. Dadurch wird der Anzug oder die Krawatte plötzlich für andere Zielgruppen zum Thema. Man versteht die Garderobe nicht mehr als Uniform, sondern als persönlichen Ausdruck.

Die Maxime der Individualität hat den Modemarkt für Männer gründlich umgekrempelt. So schreibt der äthiopische Prinz Asfa-Wossen Asserate in seiner viel diskutierten Gesellschaftsstudie «Manieren», dass «Freiberufliche, Ärzte, Künstler, Werbeleute und Journalisten den Anzug anziehen, wenn andere ihn ausziehen». Das trifft vollkommen zu: Der Anzug ist heute vor allem bei jenen gefragt, die ihn nicht aus irgendwelchen Gründen tragen müssen, sondern wollen. Auch entdeckt gerade eine neue, sehr jugendliche Generation die Krawatte wieder neu und kombiniert sie so, wie sie ursprünglich einmal gedacht war: als individuelles Statement und Farbtupfer, nicht als Symbol zur Gleichschaltung der männlichen Individualität. Damit wird ein historisches Missverständnis der 68er-Generation korrigiert, welche Anzug und Krawatte als Uniform des Angepassten abschaffen wollten.

Wir leben in freien Zeiten – zum Glück! Die Kehrseite ist aber: Bei aller Ich-Kultur gelten weiterhin gewisse Gesetzmässigkeiten und Konventionen. Auch wenn es so scheint: Nicht alles ist möglich, und noch weniger davon ist wirklich nötig. Eine kurze Umschau auf einer beliebigen europäischen Geschäftsstrasse zeigt: Im Zuge der Individualisierung der Gesellschaft sind ihr die Formeln der Eleganz abhandengekommen. So fragt sich auch der amerikanische Autor Alan Flusser: «Wie kann es sein, dass es so wenige vorbildlich angezogene Männer gibt, wo diese Generation doch so viel Modebewusstsein und Auswahl wie nie hat?» Ein Volltreffer.

Die Frage ist aber: Bringt es heute überhaupt noch etwas, Benimmfibeln aus grauer Vorzeit zu bemühen, als die Männermode noch ein starrer Kanon von Werten war? Mit steinalten Leitsätzen wie «No browns after six» lässt sich der Mann von heute nicht mehr begeistern, denn er ist mit ganz anderen Problemen konfrontiert. Sein Leben ist urban, temporeich, voller Momente der Prüfung, Selbstdarstellung und Profilierung.

Inmitten dieser kompetitiven Gesellschaft bekommt ein «Dresscode» eine ganz neue Bedeutung. Er ist ein Gerüst, an dem man sich festhält oder auf das man klettert, um die Dinge zu überschauen und, im besten Fall, zu übertreffen. Wer sich damit befasst, wird feststellen: Nichts kleidet einen Mann so vorteilhaft und überzeugend wie die klassische Kombination aus Hemd, Hose und Veston – vorausgesetzt, er weiss sie geschickt auszuwählen. Der Anzug wurde in mehr als zweihundert Jahren perfektioniert und ist für die meisten Figuren und Typen eine kleidsame Lösung. Der Anzug ist das zentrale Element der männlichen Garderobe. «Er symbolisiert die Kleidung der so genannt zivilisierten Welt», so der Schneider und Modehistoriker Sir Hardy Amies.

Um den Anzug herum bauen wir also eine neue Welt des Stils. Begleiten Sie uns auf dieser Reise. Denn man kann lernen, eine funktionierende Garderobe zu komponieren und damit in allen Lebenslagen besser gekleidet zu sein. Der Kleiderschrank wird übersichtlicher und besser nutzbar. Man spart dabei Zeit beim täglichen Anziehen und auch beim Kaufen von Mode. Und wer ganz clever vorgeht, der gibt sogar noch weniger Geld für Kleidung aus als vorher. Trotz des gigantischen Angebots, das ihm theoretisch zur Verfügung steht.

Jeroen van Rooijen und Clifford Lilley

Autoren

«Ein König kann einen Menschen zum Adelsmann, aber nicht zum Gentleman machen.»

Sir Hardy Amies, Leibschneider des englischen Hofs

Ministry Seized in San Salvador

Ikonen des Stils

Eleganz wird einem nicht in die Wiege gelegt. Aber jedermann kann lernen, sich gut anzuziehen. Dafür ist kein mystisches Moment oder künstlerisches Talent vonnöten, wohl aber eine gewisse Beobachtungsgabe. Um Sicherheit und Souveränität zu erhalten, muss man sein Auge permanent schulen und die grossen Meister studieren. So wie man erst durch viel Übung und die Anwendung der richtigen Technik ein guter Golfer wird, muss man die Gesetze der Proportion und des Schnitts kennen lernen. Dabei erkennt man rasch: Ein Gentleman überlässt nichts dem Zufall, auch wenn sein Bemühen natürlich nie als solches zu erkennen sein darf.

Stil-Ikonen wie Ardy Warhol (1928–1987) definieren

Stil neu, indem sie ihre eigenen Regeln anwenden.

Fred Astaire

(1899–1987) konnte ausgezeichnet tanzen, aber er verstand auch etwas von Kleidung. Sein Look markiert den Triumph des Willens über eine vergleichsweise ungünstige Physiognomie. Mit seinen abstehenden Ohren, seiner schlaksigen Figur und Stirnglatze war Astaire kein Schönling – doch mit seinem ausgeprägten Sinn für Stil kompensierte er diese Defizite locker.

Cary Grant

(1904–1986) gilt vielen Menschen noch heute als einer der attraktivsten und am besten angezogenen Männer des 20. Jahrhunderts. Er sah gut aus, klar – aber er wusste auch, dass man diese Vorteile nicht mit «lauten» Statements konkurrenzieren soll. Sein Look war reduziert, monochrom, korrekt und stets ausgesprochen lässig. Sogar mit Krawatte hatte Grant immer etwas von einem erfolgverwöhnten Playboy, der gerade das Flugzeug besteigt, um in Acapulco oder Portofino an seiner gesunden Bräune zu arbeiten.

John F. Kennedy

(1917–1963) kündigte mit seiner jugendlichen Allüre, aber auch mit seinem textilen Habitus einen Neuanfang in den USA der Sechzigerjahre an. Seine Anzüge und Krawatten waren modisch schmal und slick – der kleine Krawattenknoten und das weisse Einstecktuch sind von zeitloser Perfektion.

Mit seinen gezielten Auftritten als Privatmann und Geniesser definierte Kennedy ein neues Bild des US-Präsidenten als «Mann des Volkes».

Yves Saint Laurent

(1936–2008) verstarb im Frühsommer des Jahres 2008 und hinterlässt nicht nur eine grosse Lücke in der Galerie der Mode-Titanen, sondern auch in jener der zeitgenössischen Stil-Heroen. Ob es der jugendliche Bohemien der Siebzigerjahre oder der gereifte Elegantier der späteren Lebensjahre war: Saint Laurent überliess in seiner Garderobe so wenig dem Zufall wie in seinen Haute-Couture-Kollektionen.

Moderne Stilvorbilder

Lässigkeit war immer Teil der Haltung grosser Stil-Ikonen: Sie interpretierten die Regeln auf eigene Weise, ob das nun der Duke of Windsor, Gianni Agnelli oder Mick Jagger waren. Trotz dieser oberflächlichen Erscheinung der Lässigkeit überliessen sie ihren Look nicht einfach dem Zufall, so wie das viele Männer heute tun.

Die grossen Hollywoodstars, die politischen Urgesteine und die prägnantesten Stil-Exponenten der Jetztzeit zeigen sich stets in einem unaufgeregt klassischen Stil, der modische Allüre hat, aber auch eine gewisse Zurückhaltung an den Tag legt. Denkt man an Sean Connery, Cary Grant, Clark Gable, Gary Cooper, Omar Sharif, Tino Rossi, den Duke of Windsor (Edward VIII.), John F. Kennedy, Frank Sinatra, Gianni Agnelli oder Yves Saint Laurent, denkt man an Männer in Anzügen. Diese Säulenheiligen der Eleganz waren nie exzessive Mode-Gecken.

Heute ist das nicht wesentlich anders: Moderne Stil-Ikonen wie der Designer Tom Ford, Afghanistans Präsident Hamid Karzai oder der Schriftsteller Tom Wolfe zeigen sich am liebsten in klassisch eleganter Garderobe. Die Schauspieler Adrien Brody, Jude Law oder Pierce Brosnan tun es ihnen gleich. Auch deutsche Stilvorbilder wie der Berliner Bürgermeister Klaus Wowereit oder Ex-Tennisprofi Boris Becker pflegen einen koordinierten Umgang mit dem Anzug, so wie es auch der Schweizer Stararchitekt Jacques Herzog oder auch der Zürcher Lebemann und Selbstdarsteller Dieter Meier tun.

Wir lernen: Grosse Männer sehen in 95 Prozent der Fälle grossartig aus, wenn sie einen Anzug tragen. Veston und Hose, Hemd und Krawatte – sie bilden die ewig gültige Basis der Eleganz. Lassen Sie sich also von Funk, Fernsehen und bunten Blättern nicht täuschen: Nicht jeder als Stil-Guru portierte Selbstdarsteller hat wirkliches Format.

Dieter Meier
(*1945) oszilliert als kreativer Freiberufler mit weltmännischer Souveränität zwischen den Stilen: Mal trägt der Yello-Frontmann gekonnt einen massgefertigten Anzug, mal markiert er den Künstler in Jeansjacke und Polohemd oder den Intellektuellen im dunklen Pullover. In allen Fällen verfügt Meier über das, was wahre Stilhelden ausmacht: Eigensinn und Glaubwürdigkeit. Den markanten Schnauzbart trägt der Musiker, Filmemacher und Dichter mit derselben unverrückbaren Konsequenz wie sein flamboyantes Halstuch – losgelöst von Moden und Konventionen.

Tom Ford

(*1962) ist, neben dem Fussballhelden David Beckham, das bedeutendste männliche Sexsymbol des frühen 21. Jahrhunderts. Der in Texas geborene Modedesigner profilierte sich in den Neunzigerjahren als Creative Director von Gucci und drückte der New-Economy-Ära mit seinem von Erotik getränkten Stil den Stempel auf.

Inzwischen arbeitet Ford an seinem eigenen, klassisch geprägten Männermodekonzept, welches Männern mit ebenso grossem Stilhunger wie Portefeuille helfen soll, in jeder Lebenslage «immaculate» auszusehen.

Alfredo Häberli

(*1964) ist nicht nur der bedeutendste Schweizer Produktgestalter der jüngeren Generation, sondern auch punkto Stil ein bis weit über die Landesgrenzen hinaus strahlender Stern. Häberli, der in Argentinien geboren wurde und heute abwechselnd als Richard Gere oder George Clooney der Schweiz bezeichnet wird, hat einen feinen Sinn für kleine Brüche und ein grosses Flair für kräftige Farben. Seine Anzüge lässt Häberli auf Mass fertigen, auch wenn er mit seiner glücksverwöhnten Gestalt problemlos ab Stange kaufen könnte. In den letzten Jahren hat Häberli auch mit Auftritten als Fotomodell immer wieder bewiesen, dass ihm Stil und Sexappeal genauso wichtig sind wie die gut gestaltete Form.

«Die Moden wechseln, doch der Stil bleibt.»

Yves Saint Laurent

Der Weg zum eigenen Stil

Der Weg zu einem eigenen Stil führt über drei Schritte, die alle mit «K» beginnen: Kontemplation (Nachdenken, Selbststudium), Konzentration (Entscheidungen treffen, Ordnung schaffen) und Komposition (Neuaufbau eines Garderobensystems).

Kontemplation

Intensives Nachdenken über sich und seine Lebenssituation gehört zu den Grundvoraussetzungen, um einen eigenen Stil zu finden. Sie müssen erkennen, dass das, was Sie anziehen, Signale über Ihre Wertvorstellungen und Lebensumstände sind. Man braucht aber nicht zwingend schön und jung zu sein, um Stil und Klasse zu haben. Gut aussehen können Männer jeden Alters und jeder Gestalt, wenn man ihnen ansieht, dass sie mit sich und ihrem Look im Einklang sind, dass ihr Kleiderschrank nicht ihr Feind, sondern ihr Freund ist.

Fünf Fragen, die sich jeder Mann stellen sollte:

1. Wer bin ich?
2. Wer möchte ich sein?
3. Was sind meine Ziele und Ideale?
4. Welcher Stil passt dazu?
5. Wer hat diese Dinge im Angebot?

Es ist bei der Beantwortung dieser Fragen angebracht, nicht die extremste mögliche Position zu wählen. Die wahre Kunst, sich gut zu kleiden, besteht darin, die Grenzen zu kennen und diese nicht als Einschränkung zu verstehen, sondern als Spielfeld, auf dem Sie Ihre Individualität inszenieren.

Konzentration

Sie müssen sich ein Konzept zurechtlegen, sich von Unnötigem trennen, ausmisten und eine funktionierende Garderobe zusammenstellen. Erst wer diese Phase der Selektion und Ordnung hinter sich gebracht hat, kann Neues in Angriff nehmen.
Wer aufräumt, schafft Platz für Neues. Nehmen Sie sich darum mindestens einmal in der Saison Zeit, Ihren Kleiderschrank gründlich auszumisten und sich von dem zu trennen, was sein modisches oder materielles Verfallsdatum erreicht hat. Was länger als ein Jahr nicht getragen wurde, gehört in die Altkleidersammlung.

Machen Sie Ordnung:

1. Alles anprobieren und sich sofort von all dem trennen, was nicht mehr passt oder von Anfang an ein Fehlgriff war. Sachen, die kaputt sind oder an denen Knöpfe fehlen, werden aussortiert und zur Schneiderin gebracht.
2. Sich dafür entscheiden, wer man ist und wer man sein will – einen klaren Stil definieren. Fragen Sie sich: Was sind Lieblingsstücke? Gibt es eine optimale Silhouette für mich?
3. Packen Sie den Rest in Kartons und bringen Sie die Sachen ins Brockenhaus. Oder, wenn Sie die Zeit dafür haben: Fotografieren Sie die schönsten Stücke und Markenartikel und versteigern Sie Ihre Dinge im Internet. So können Sie noch etwas Geld dazuverdienen.

Tipp: Sie tun sich, Ihrem Kleiderschrank und den Kleidungsstücken den grössten Gefallen, wenn Sie Sommer- und Wintergarderobe getrennt aufbewahren!

Komposition

Die dritte Stufe der Definition eines eigenen Stils dreht sich um das Anlegen einer funktionierenden Basisgarderobe, die mit Hilfe modischer Accessoires und gezielten saisonalen Akzenten die Jahre überdauert. Wer sich selbst im Spiegel studiert und entsprechende Entscheidungen getroffen hat, wird sich ein viel klareres System zurechtlegen, wie er sich kleidet und wie er einkaufen geht.

Basis ̣eder männlichen Garderobe sollte eine Reihe unverwüstlicher Klassiker in bester Qualität sein. Es lohnt sich, für diese Dinge, die das Gerüst der Garderobe ɔilden, etwas mehr Aufwand zu betreiben, denn erst wenn die Schlüsselteile stimmen und sitzen, kann man mit Farben und individuellen Extras eine spielerische Note ins Outfit bringen. Entscheiden Sie sich für zeitlose Eleganz, weil sie am wertstabilsten ist und bei Bedarf (z. B. mit Jeans) auch «casual» interpretiert werden kann.

Anders gesagt: Wer einen gut sitzenden Anzug anhat, der darf sich einen knallbunten Schal umhängen und sieht immer noch gut aus. Wer aber mit einem farbigen Schal vom mittelmässigen Anzug abzulenken versucht, wird keinen guten Eindruck hinterlassen.

Die sieben Gebote des Stils:

Werner Baldessarini, der jahrelang Vorstandsvorsitzender von Hugo Boss im süddeutschen Metzingen war und heute von München aus ein nach ihm benanntes Luxus-Männermodelabel führt, fasste die Grundregeln der Kunst des guten Auftritts in der Zeitschrift «Men's Health» einst wie folgt zusammen:

1. Erkenne dich selbst: Wer man ist und warum man das ist.
2. Sei glaubwürdig: Stil braucht Beständigkeit.
3. Kaufe nur Spitzenqualität: Überlegt und wertiger einkaufen.
4. Sortiere regelmässig aus: Den Kleiderschrank im Schuss halten.
5. Komplettiere mit Accessoires: Die möglichen Schmuckstücke des Mannes.
6. Bewege dich lässig: Sich gut kleiden und sich gut bewegen.
7. Sei sexy: Körperliche Vorteile zeigen, Begehrlichkeit wecken.

Stilbekenntnisse Schweizer Männer

Für die auf den folgenden Seiten vorgestellten fünf Schweizer Männer ist Mode alles andere als ein lästiges Übel.
So unterschiedlich ihre Biografien, Berufe, Möglichkeiten und Lebensweisen sein mögen, so wichtig ist allen doch eines: den individuellen Charakter mit bewusst ausgesuchter Garderobe zu akzentuieren. Fünf Bekenntnisse, die illustrieren, wie lustvoll im ganz Alltäglichen mit Kleidung gespielt und kommuniziert werden kann.

Der Denker

Matthias Mächler, 1970, Journalist

«Ich bin froh, muss ich in meinem Beruf nur selten Anzüge und Krawatten tragen. Und wenn, dann halte ich es wie sonst mit meiner Garderobe: easy und funktional – mit kleinen, feinen Überraschungsmomenten für Aufmerksame.

Extravagante Luxuslabels liegen mir fern. Doch Geld für gute Mode reut mich nicht. Ich habe sogar grossen Spass am Shoppen, besonders seit ich durchs Boxen 13 Kilo abgenommen habe.

Am meisten gebe ich aus für belgische Designer wie Dries van Noten und Martin Margiela. Auch den britischen Designer Paul Smith mag ich sehr. Meistens trage ich dazu Blue Jeans, auch mal aus einer Vintage-Boutique.

Ob mein Stil für meinen Beruf typisch ist? Ich weiss es nicht. Viele Journalisten neigen zu billiger und unauffälliger Allzweckgarderobe. Vielleicht weil ihnen der Inhalt wichtiger ist als Optik.»

Der Kreative

Jiri Scherer, 1970, Kreativitätstrainer

«Das Bonmot stimmt schon: Einen ersten Eindruck kann man nur einmal machen. Kleidung ist auch in meinem Job sehr wichtig, da ich oft vor Publikum stehe und einen Innovationsworkshop moderiere oder ein Kreativitätsseminar leite.

Man würde mich dort wohl in Turnschuhen und Jeans erwarten. Viele unserer Kunden sind jedoch Banken und Versicherungen, und wenn ich dort allzu locker gekleidet auftrete, verwechseln diese womöglich Kreativität mit legerer Kleidung.

Ich will jedoch zeigen, dass man immer und überall kreativ sein kann und man dazu nicht eine aufgestellte Frisur und zerrissene Jeans tragen muss. Für mich muss Kleidung eher praktisch sein – weil ich oft unterwegs bin, sollte der Anzug zum Beispiel knitterfrei ausgerüstet sein.»

Der Freigeist

Beat Weinmann, 1971, Uhren-Spezialist

«Natürlich habe ich Freude an schönen Gegenständen und somit auch an Kleidern – die zweite Haut soll sich gut anfühlen und ein gutes Gefühl vermitteln. Wenn ich einkaufe, dann qualitäts- und schnitt-orientiert – es ist mir ausserdem wichtig, dass für mich nachvollziehbar ist, wo etwas herkommt.

Am liebsten sind mir jene Hersteller mit kurzen Wegen zu den Produzenten oder Individualisten, die in Handarbeit selber produzieren und stolz auf ihr Handwerk sind. Deshalb lasse ich viele meiner Anzüge auf Mass schneidern.

Am besten fühlt sich ein perfekter Anzug an, wenn ich auf meinem Skateboard durch meine Heimatstadt Luzern rolle – dieser Bruch, das macht mir Spass.

Auf dem Foto trage ich einen Samtblazer, ein Hemd und Flanellhosen von Daniele Borghetti, eine Cashmere-Krawatte von Bulgari, Pochette von Hermès und am Handgelenk einen Messing-Prototyp von Ochs & Junior.»

Der Eklektiker

Danniel Saner, 1953, Hairstylist

«Natürlich macht mir die Mode Spass – und wie! Vielleicht ist es mir nicht mehr ganz so wichtig wie in jungen Jahren, als ich mich total über meine Kleidung definierte. Aber ich bin noch immer einer, der sich gerne und bewusst jeden Tag anders anzieht und auch viel einkauft. Das geschieht, wo ich gerade bin, und auch ohne Plan, denn brauchen tue ich ja nichts. Mein Kleiderschrank ist so voll, dass ich wohl für den Rest des Lebens ausgesorgt habe.
Aber ein schönes T-Shirt, ein guter Gürtel, gut gemachte Schuhe oder eine neue Brille, das passt immer rein.
Am wohlsten ist mir in Jeans, T-Shirt und Flipflops – so könnte ich jeden Tag herumlaufen. Doch ich freue mich auch, wenn ich mich für einen besonderen Anlass fein machen kann, mit einem Anzug und allem, was dazu gehört. Alles ausser Krawatte, denn die passt irgendwie nicht zu meinem Stil. Ich brauche keine Krawatte zu tragen, auch im Beruf nicht, und darum bin ich froh, denn sie engt mich irgendwie ein.
Modische Vorbilder habe ich keine, wohl schaue ich mir aber gerne an, was andere Männer tragen, auch Prominente. Unter den jüngeren Typen gefallen mir Lenny Kravitz oder Brad Pitt am besten.
Für das Foto habe ich mich für eine Jeans von Dsquared2, ein Gilet und einen Veston von Kris van Assche und einen Gürtel von Christophe Graber entschieden.»

Der Intellektuelle

René Grüninger, PR-Berater

«Ich glaube, dass jeder Mensch sich mit seiner Kleidung ausdrückt, vielleicht sogar eine Aussage macht oder gar ein Signal setzt. Das mache ich auch, mal mehr, mal weniger bewusst. Ich möchte vor allem ich selbst sein. Sich kleiden ist ja eine Form der nonverbalen Kommunikation.

Wer in den Public Relations, also in den öffentlichen Beziehungen, tätig ist, der pflegt besser eine sorgfältige Sprache, ein ausgewähltes Schreiben und ein adäquates Äusseres.

Persönlich interessiert mich der jeweils letzte Modeschrei allerdings kaum. Doch ich bin eitel genug, mehr oder minder zeitgemäss daherkommen zu wollen. Neben dem gerade herrschenden Zeitgeist lasse ich mich aber auch gerne von einem guten Material und einem gekonnten Schnitt beeinflussen. Was gibt es Besseres als einen tollen Anzug, der sitzt? Ich habe ein Auge für gut angezogene Menschen und freue mich immer, jemandem zu begegnen, der oder die mit Klasse oder ausgeprägtem persönlichem Geschmack gekleidet ist.

Was die Werte angeht, so sollten wir nie vergessen, dass sich kleiden und Mitmenschen begegnen immer auch mit Höflichkeit und Respekt zu tun haben.

Auf dem Foto trage ich einen schwarzen Zweiknöpfer, den ich mir bei Herren Globus gekauft habe, eine schmale, ungewaschene Jeans von Seven for all Mankind und ein weisses Popelinehemd von Agnès B.

Dazu trage ich den australischen Qualitätsturnschuh Feit.»

Dinge, die man beim Einkaufen beachten sollte

Wohlgefühl ist ein zentrales Thema: Nur wer sich in seiner Kleidung auch wohl fühlt, kann diese Gelassenheit und Souveränität auch ausstrahlen. Komfort entsteht durch guten Sitz der Kleidung, die dem Körper Statur und Freiräume gibt, sowie durch eine angenehme Materialqualität, die atmungsaktiv, weich und hochwertig ist.
Sorgfältig hergestellte Kleidung zeigt «Respekt» vor dem Material: Ein sorgfältig verarbeiteter Anzug aus guter Wolle verleiht Gelassenheit und Souveränität. Wer ein angenehmes Tragegefühl empfindet, strahlt dieses positive Grundgefühl auch nach aussen hin aus und wirkt dadurch überzeugender.

Tipp: Überprüfen Sie vor dem nächsten Einkaufsbummel, was in Ihrem Kleiderschrank fehlt, und machen Sie sich Notizen dazu, was Sie brauchen.

Der Schnitt ist essenziell: Wenn der Anzug nicht wirklich tadellos sitzt, ist die Investition umsonst. Sensible Punkte des Anzugs sind die Schulter, der Rücken, die Ärmellänge und der Hosenhintern.

Ex-Fiat-Tycoon Gianni Agnelli (1921–2003) war einer, der zeitlebens den schönen Dingen huldigte und den italienischen Gentleman definierte, dabei aber auch Schöngeistiges nicht vergass, wenn er etwa sagte: «Ich liebe den Wind – man kann ihn nicht kaufen.» Er war bekannt dafür, zum Anzug gerne Sportschuhe oder die Uhr über der Hemdmanschette zu tragen. Ausserdem war er der erste Italiener, der die amerikanischen Buttondown-Hemden auch in Europa populär machte.

Die Farben der Männergarderobe werden in drei Kategorien eingeteilt: dunkle neutrale Töne für die äussere Hülle, helle Farben für die Hemden und stärkere (Mode-)Farben für die Accessoires.

Die Stoffqualität wird immer wichtiger, um noch zwischen billiger Massenware und hochwertiger Klassik unterscheiden zu können. Ein geschultes Auge sieht den Unterschied auf einen Blick.

Gute Verarbeitungsqualität kostet mehr, doch sie macht sich bezahlt – Dinge, die gut gefertigt sind, halten länger. Ein sorgfältig verarbeitetes Innenleben gibt dem Anzug jahrelang Halt, Struktur und Klasse.

Eine gewisse **Zeitlosigkeit** ist immer die bessere Investition als Ware mit raschem modischem Verfallsdatum. Wer jeden Trend mitmacht, hat keinen Stil oder Geschmack, sondern nur zu viel Zeit und Geld.

Business & Corporate Style

Es gibt dieses tolle Bild von einer Pressekonferenz des italienischen Automobilherstellers Fiat, auf dem der Chef, Sergio Machionne, lässig am Rednerpult lehnt und mit offenem Hemd und Pullover den Tarif durchgibt, während rechts daneben die zweite Garde Führungskräfte in Anzug und Krawatte sitzt und zuhört. Machionne macht mit solchen Auftritten klar: Ich bin der Boss, und ich mache, was ich will – auch in Sachen Mode. Das kann sich natürlich erst der erlauben, der es sich leisten kann. Alle anderen sind wohl besser beraten, sich im Geschäftsleben an einen gewissen «Common Sense» der Mode zu halten und nicht ihren Individualismus als oberstes Kriterium zur Schau zu stellen.

Die notwendigen Investitionen

Eine funktionierende Business-Garderobe will strategisch geplant und überlegt aufgebaut sein. Sie soll einige wichtige Regeln befolgen und dabei auch Variationen für unterschiedliche Umgebungen zulassen. Wichtig sind eine ausreichende Anzahl von Anzügen und Hemden, Krawatten und Schuhen, aber auch Gürtel und andere Accessoires. Räumen Sie regelmässig ein ausreichendes Budget ein, um Ihre Garderobe aufzudatieren, Bestehendes im Schuss zu halten und verbrauchte Stücke auszusortieren.
Machen Sie nicht den Fehler, zu glauben, dass ein ordentlicher, unauffälliger Anzug und eine Allround-Krawatte heute noch ausreichen, um für formelle Gelegenheiten gewappnet zu sein. Das Thema Business und Corporate Style ist im Zuge der modischen Emanzipation des Mannes komplexer geworden. Eine Krawatte ist nicht mehr automatisch Garant für einen überzeugenden Eindruck, im Gegenteil – in manchem Geschäft gelten heute andere Codes. Schon ein Banker und ein Kundenberater einer Versicherung haben sehr unterschiedlichen Ansprüchen zu genügen. Während sich der Kunde im ersten Fall wohl meistens nach wie vor einen korrekten Anzug mit Hemd und Krawatte wünscht, ist die Sache beim Kundenberater diffiziler – hier könnte, abhängig vom Umfeld, auch eine Kombination aus Hose und Veston zum Einsatz kommen, respektive ein Pullover mit Polo- oder Rollkragen statt des Hemdes.

Von Business Casual bis Executive Class

In den Achtziger- und Neunzigerjahren machte der «Casual Friday» von sich reden – im Zuge eines freieren Zeitgeistes und des Triumphzuges der Freizeitmode begannen viele Firmen und Institutionen, die Kleiderordnung für ihre Mitarbeiter zu lockern. Das bequemste Mittel, diese textilen Entspannungsübungen zu koordinieren, war die Freigabe des modischen Kodexes an einem bestimmten Wochentag – meistens am Freitag, quasi als Einstimmung auf das Wochenende.

Das Resultat war verheerend: Wussten die Heerscharen braver Bürolisten zuvor wenigstens noch ungefähr, was sich im Büro geziemte, so sahen sie am Casual Friday aus wie ein verwahrlostes Rudel Budget-Touristen, das durch die Gänge ihrer Firmengebäude geisterte. Die Grenzen zwischen den Hierarchien verwischten vollends, mit dem Ergebnis, dass Meetings an einem solchen Casual Friday aussahen wie das zufällige Aufeinandertreffen wahllos ausgesuchter Bevölkerungsteile in einem Vergnügungspark oder Shoppingcenter. Vollends paradox wurde es, wenn Kunden, die sich für einen Termin mit einer Firma etwas zurechtgemacht hatten, viel korrekter angezogen waren als die Berater, auf die sie dort trafen.
Inzwischen haben die meisten Firmen realisiert, dass der Casual Friday mehr Unheil angerichtet als Entspannung verschafft hat – die «Schraube» wurde in

Krawattenträger hören dem Chef im Pullover zu: Fiat-Chef Sergio Machionne an einer Pressekonferenz.

Bild: Reuters SA

den ersten Jahren des neuen Jahrtausends, insbesondere im Zuge des härteren wirtschaftlichen Umfelds nach 2001, wieder spürbar angezogen. Und das ist richtig so, denn Kleidung braucht, im privaten wie geschäftlichen Rahmen, eine gewisse Ordnung.

Firmen tun gut daran, ihre Vorstellungen von Kleiderordnung nicht einem diffusen Common Sense zu überlassen, sondern diese wieder verbindlich festzuschreiben und als Messlatte für jeden Mitarbeiter erkennrtlich zu machen. Allerdings sollten diese Regeln genügend individuellen Spielraum ermöglichen und auch im jährlichen Turnus überarbeitet oder, wo nötig, an neue modische Phänomene angepasst werden. Ein so cher lebendiger «Dresscode» kann identitätsstiftend und motivierend sein.

Tipp: Bei freier Kombination von Hemd, Veston und Hose zwei der drei Elemente in derselben Farbfamilie auswählen.

Richtlinien für Corporate Style

Die Sauberkeit und Gepflegtheit des individuellen Auftritts ist wichtiger als die Einhaltung formeller Regeln. Ein lässiger Umgang mit der Bekleidungsordnung drückt sich nicht in zerknitterten, formlosen oder ungewaschenen Kleidern aus. Im Zweifel ist ein dunkelgrauer Anzug mit hellem Hemd und Krawatte die sichere Wahl – wer feststellt, damit zu formell angezogen zu sein, kann die Krawatte immer noch ausziehen – umgekehrt wirds schwieriger!

Es ist immer besser, ein wenig zu gut als zu nachlässig angezogen zu sein. Sie erweisen damit Ihrer Firma und Ihren Kunden einen gewissen Respekt. Der individuelle modische Ausdruck sollte die hierarchische Position innerhalb einer Firma oder einer Organisation wiedergeben – Kleidung hat immer auch etwas mit Autorität zu tun. Wer auf diese subtilen Ausdrucksmittel verzichtet, muss viel mehr andere Argumente einsetzen, um seine Glaubwürdigkeit zu festigen.

RIMOWA
BOSS
WARREN & PARKER
M

Unterwegs mit Stil

Brechen Sie zu einer kurzen geschäftlichen Reise oder zu einem mehrtägigen Seminar auf? Dann sorgen Sie dafür, dass Sie einen robusten, belastbaren und knitterresistenten Reiseanzug mitnehmen – der so genannte Travel Suit ist für solche Einsätze konzipiert und verbindet praktische Extras mit einem unproblematischen Handling und angenehmem Tragekomfort. Dazu ein paar Hemden, eine Krawatte, eine Jeans und ein Pullover – fertig ist die Universalgarderobe für einen Einsatz ausser Haus.

Wer seinen Koffer packt, achtet darauf, dass die Dinge, die unten liegen, ein paar Knitter vertragen können – seien das Sportbekleidung, Unter- oder Nachtwäsche sowie Jeans oder Freizeitpullover. Wer dünne Plastikfolie oder Seidenpapier zwischen die verschiedenen Schichten legt, dessen Garderobe knittert weniger, weil sie sich im Koffer leichter verschieben kann.

Hemden werden, sorgfältig zusammengefaltet und mit Seidenpapier geschützt, mit den Kragen alternierend übereinander gestapelt. Die Kragen werden mit einem Karton- oder Kunststoff-Steg davor geschützt, flachgedrückt zu werden. Krawatten legt man am besten paarweise zwischen die Hosen, wobei darauf zu achten ist, dass sie nach Möglichkeit nur einmal, in der hinteren Mitte, gefaltet werden.

Ganz am Schluss kommt der Anzug in den Koffer – er ist oft das Erste, was man am Zielort auspacken, anziehen oder aufhängen möchte. Profis packen am Vorabend, legen den Anzug aber erst kurz vor der Abreise in den Koffer. Wer will, kann das Innenfutter der Jacke mitsamt den Schultern nach aussen wenden, um den Oberstoff vor allzu starkem Knittern zu schützen.

Die grossen Kleidungsstücke sollten in der Mitte des Koffers eine «Insel» bilden, die Sie rundherum mit kleineren Dingen «auspolstern», seien das Socken, Unterwäsche oder auch Schuhe – Letztere immer mit einem Schuhspanner versehen und in separate Stoffbeutel verpackt. Wer mit verschiedenen Gepäckstücken reist, tut gut daran, seine Schuhe immer paarweise zu verstauen – es kann immerhin geschehen, dass ein Gepäckstück nicht am Zielort ankommt.

Praktische Extras für Vielreisende:

- Extra Kragenstäbchen
- Ersatz-Schuhbändel zu allen mitgeführten Schuhen
- Kleines Nähset zum behelfsmässigen Annähen abgefallener Knöpfe oder loser Säume
- Kompaktes Schuhputzset
- Auslaufsicheres Necessaire, in dem sich nur Kosmetikartikel in bruchsicheren Behältern befinden

Die zwölf häufigsten Stil-Fauxpas

1. Kann ich ein Buttondown-Hemd mit Krawatte tragen?

Natürlich können Sie das – ein Zeichen von gutem Geschmack ist es allerdings nicht, wenngleich in Europa die halbe Welt diesen Unsinn pflegt und Buttondown-Hemden zu formellen Anzügen trägt. Denn das Buttondown-Hemd ist im Prinzip ein sportives Freizeithemd, das aus den USA nach Europa kam und einst die Polospieler auf ihren Pferden vor den auf und ab tanzenden, ungestärkten Kragenspitzen schützte. In diesem Fall ist eine (wollene) Krawatte vielleicht okay, in allen anderen Fällen sieht das Buttondown-Hemd besser aus, wenn man es leger mit geöffnetem Kragen zum sportiven, vielleicht karierten Veston kombiniert.

2. Wie soll man den Veston zuknöpfen?

Wichtigste Regel: Kein Jackett, ausser vielleicht das einer Uniform, wird jemals ganz geschlossen. Bei drei Knöpfen werden entweder die obersten beiden geschlossen, was in jedem Fall richtig ist, oder auch nur der mittlere, was einen etwas lässigeren Eindruck hinterlässt. Nie jedoch wird der unterste Knopf geschlossen – er befindet sich nämlich meist schon auf dem «Abstich» des Vestons und ist daher von der Mitte zurückversetzt. Wer ihn schliesst, vergewaltigt die ganze Silhouette des Vestons. Bei Zweiknöpfern wird übrigens nur der oberste Knopf geschlossen. Bei Zweireihern bleibt der unterste Schliessknopf an der äusseren Kante ebenfalls offen. Achtung: Wer sich hinsetzt, sollte sein Jackett immer öffnen, um es nicht über Gebühr zu strapazieren.

Komiker Jacques Tati (1908–1982) persiflierte als Monsieur Hulot den kleinen Mann, der mit bescheidenen Mitteln und unzureichendem ästhetischem Geschick versuchte, sich über die Masse der Mitbürger zu erheben.

3. Welches ist die richtige Länge des Vestonärmels?

Die meisten Männer tragen die Ärmel ihrer Anzüge zu lang und scheuen die Mühe, sie auf die richtige Länge kürzen zu lassen. Das ist ein Jammer, denn ein Veston sieht erst dann formvollendet aus, wenn unter dem Ärmel ein Daumenbreit der Hemdmanschette hervorschaut. Alles andere verleiht den Eindruck schlecht sitzender und irgendwie zu grosser Kleidung.
Der Hemdärmel endet also korrekterweise auf der Daumenwurzel, der Vestonärmel demnach auf dem Handknöchel.

4. Darf man das T-Shirt unter dem Hemd sehen?

Nein. Wer sein Hemd aufknöpft, tut gut daran, die Knopfleiste nur so weit zu öffnen, wie es der Halsausschnitt seines Unterhemdes zulässt. Wer ein relativ halsnahes Rundhals-Shirt unter dem Hemd trägt, hat demnach wenig Spielraum – besser ist in diesem Fall der tiefer gezogene V-Halsausschnitt oder auch ein etwas tiefer gezogenes Tanktop oder «Unterleibchen». In Ordnung ist es, wenn man ein Rundhals-Shirt unter einem V-Hals-Pullover sieht – solange die Balance zwischen dem helleren Shirt und dem dunkleren Pullover ein schönes Motiv ergibt.

5. Ist es in Ordnung, wenn ich den Krawattenknoten abends nur so weit öffne, dass ich die Schlinge über den Kopf ziehen und die fertig gebundene Krawatte in den Schrank hängen kann?

Das ist zwar sehr praktisch gedacht und erspart Ihnen am Morgen zwanzig Sekunden Zeit, zeugt aber nicht von gutem Geschmack und Weitsicht. Die Krawatte sollte nach jedem Tragen komplett entknotet und zu einer Schnecke gerollt werden. So hat der feine Seidenstoff eine Chance, sich zu erholen und zu entknittern. Ein dauerhaft gebundener Krawattenknoten wird immer enger und nutzt sich an den Stellen, die den Kragen berühren, stärker ab. Das sieht man nach spätestens zwei Wochen und das wirkt armselig.

6. Kann man zu lange Krawatten in den Hosenbund stopfen?

Mit diesem Problem sind vor allem kleinere Männer mit schlankem Hals konfrontiert – weil Krawatten meistens nur in einer Grösse geschnitten werden, ist der fertig gebundene Schlips für ihre Statur und Proportion zu lang. Die Spitze der Krawatte oben in die Hose zu stecken, kann aber nicht die Lösung sein! Lieber bindet man die Krawatte so, dass das hintere, schmale Ende zu lang ist und, notgedrungen, zwischen der Knopfleiste zum Verschwinden gebracht wird. Oder man leistet sich eine kürzer geschnittene Krawatte auf Mass! Die korrekt gebundene Krawatte berührt den Gürtel (Seite 87).

7. Wie viel Schmuck kann ich zu einem klassischen Businessanzug tragen?

Südländer werden diese Frage anders beantworten als Nordeuropäer, gilt doch in lateinischen Ländern eine deutlich sichtbare goldene Halskette oder ein Armband als kulturelles Erkennungszeichen. Sonst ist man sich in der Welt des Anzugs aber relativ einig darüber, dass ein einzelner, dezenter Fingerring, eine schöne Uhr, individuelle Manschettenknöpfe und

allenfalls eine Krawattennadel genügend Schmuck für einen Mann sind. Ein Armband mag im einen oder anderen Fall cool aussehen, passt aber eher zu Pulli und T-Shirt als zu Hemd und Krawatte.

8. Kann ich im Sommer Kurzarmhemden zum Anzug tragen?

Nein, nein und nochmals nein, bitte tun Sie dies nicht. Auch wenn diese Kombination sehr verbreitet ist, zeugt sie doch von sehr schlechtem Stilbewusstsein und lässt einen schnell wie ein totaler Anfänger aussehen. Die meisten Kurzarmhemden sind furchtbare Kastraten, die höchstens zu einer Freizeithose und ohne Krawatte funktionieren. Es gibt ganz wenige gut geschnittene Kurzarmhemden, und auch diese

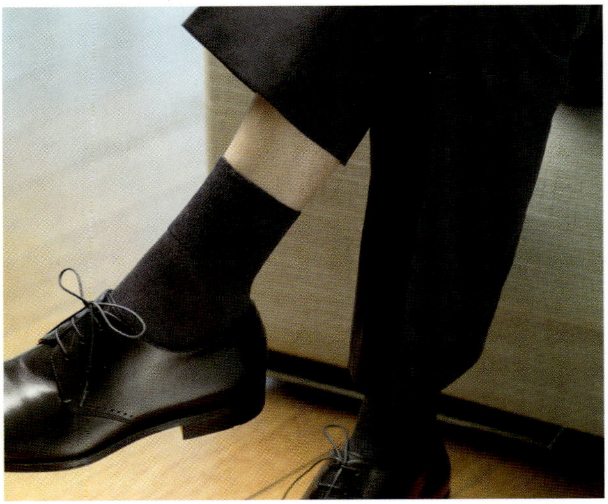

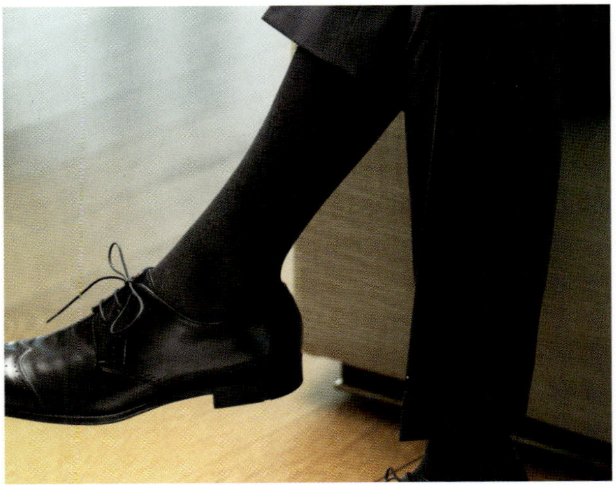

gehören nicht zum Anzug, weil man beim Anzug ja die Hemdmanschette sehen will, um einen formvollendeten Eindruck zu hinterlassen.

9. Soll man Schuhe und Gürtel aufeinander abstimmen?

Unbedingt. Es ist auf jeden Fall ein Zeichen von gutem Geschmack, wenn Schuhe und Gürtel des Herrn in Material und Farbe sorgfältig aufeinander abgestimmt sind. Ein cognacfarbener Glattlederschuh soll zu einem entsprechenden Gürtel getragen werden, nie aber ein brauner Gürtel zu schwarzen Schuhen. Zu Wildlederschuhen bitte auch den Gürtel im entsprechenden Material. Tipp: Kaufen Sie zu einem Paar Schuhe auch immer gleich einen passenden Gürtel.

10. Ich mag knöchelkurze Socken am liebsten. Kann ich sie auch zum Anzug tragen?

Bitte nicht! Gönnen Sie sich das etwas Mehr an Strumpf und ihr Look wird es Ihnen danken, gerade dann, wenn Sie sich bei Tisch setzen oder die Beine übereinanderschlagen. Hier trennt sich die Spreu vom Weizen der gut angezogenen Männer: Die wirklich eleganten Typen tragen knielange Socken und vermeiden es, ihrem Gegenüber dieses unerspriessliche bisschen behaartes Bein zu präsentieren.

11. Ich finde Ledersohlen ja auch elegant, aber was tun, wenn es regnet?

Die Grundhaltung ist richtig: Zu einem guten Anzug und Krawatte kann man keine Schuhe mit Gummisohlen tragen. Es sieht zu sehr nach Postbote oder Ticketkontrolleur im Tram aus. Deshalb gibt es nur Ledersohlen. Einzige Ausnahme: Schuhe mit feinen Ledersohlen, die mit einer dünnen Gummisohle bezogen wurden. Das ist akzeptabel, wenngleich wahre Gentlemen auch das nicht tun würden. Wer konsequent ist, kauft für Regentage Galoschen, das sind wasserfeste Überschuhe aus Gummi, die man über die Lederschuhe zieht.

12. Wo trägt ein eleganter Mann sein Portemonnaie?

Auf keinen Fall in der Gesässtasche der Hose, wie die meisten Männer es leider tun. Die Beule verunstaltet die Linie des hoffentlich gut geformten Hinterns, drückt den Rückenschlitz des Vestons unnötig auf und lässt die ganze Silhouette asymmetrisch aus der Balance fallen. Ausserdem kann es unmöglich bequem sein, den ganzen Tag auf seinem Geldbeutel zu sitzen! Deshalb: Bank-, Kredit- und Visitenkarten in ein schmales Etui und ab damit in die Brust- oder Jackentasche, Kleingeld in einem Münzwerfer oder lose in der Hosentasche. Wer im ganz normalen Alltag mehr Karten braucht, bewahrt diese separat in der Aktentasche auf.

DER ANZUG

Es gibt kein Kleidungsstück, das einen Mann einfacher, schneller und vorteilhafter kleidet, als einen gut geschnittenen dunklen Anzug. Die Kombination aus Hose und Veston aus demselben Material ist zu Recht das «Centre Piece» der männlichen Garderobe – um dieses herum gruppiert sich alles andere.

Klassik hält länger

Der Anzug stellt im Schrank des Mannes die bedeutendste Investition dar – sowohl aus finanzieller wie stilistischer Sicht. Es lohnt sich, hier einige Minuten mehr Aufwand zu betreiben und etwas mehr Geld in die Hand zu nehmen, weil ein Anzug die verbindliche Referenz für den ganzen Look bildet.

Die meisten Anzüge werden heute «ab Stange» gekauft und getragen, oft ohne auch nur eine einzige persönliche Anpassung der Längen und Weiten. Schade, denn in den seltensten Fällen sitzt der fertig konfektionierte Anzug einem Mann wirklich perfekt. Leider werden aus falsch verstandenen Komfortbedürfnissen heraus auch noch immer zu viele zu grosse Anzüge gekauft – die Mehrheit der Männer trägt ihre Kleidung sicher eine Konfektionsgrösse zu gross, weil sie glaubt, damit eine gewisse Reserve für «fettere Tage» zu haben.

Aus modischer Sicht muss derzeit jedoch eindeutig dem scharf auf die Figur geschnittenen, körperbetonten und taillierten Anzug der Vorzug gegeben werden. Auch diese schlanken Anzüge können – dank raffinierten, leicht dehnbaren Stoffen, entsprechend leichten Verarbeitungen und in den Nähten integrierten Materialreserven – tadellosen Tragekomfort bieten.

Ein guter Anzug sollte problemlos fünf Jahre mithalten – zehn oder mehr Jahre schafft aber auch der beste Anzug nicht, weil sich nach solch langer Zeit modische und technische Abnützungserscheinungen manifestieren. Wer ein klassisches, bewährtes Modell ohne grosse modische Allüre sucht, wählt den einreihigen Dreiknöpfer, der sich in den letzten zehn Jahren als Favorit etabliert hat und sich noch immer in den Basissortimenten hält. Etwas mehr Pfiff hat dagegen der Zweiknöpfer mit etwas tiefer gezogenem Revers.

Tipps: Ein guter Veston hat immer mindestens einen Rückenschlitz, besser sogar deren zwei. Fabrikate ohne Schlitz sind billige Industrieware.
Bei zwei-, drei- oder mehrknöpfigen einreihigen Vestons bleibt der unterste Knopf immer offen. Beim Dreiknöpfer kann man auch nur den mittleren Knopf schliessen. Auch beim zweireihigen Veston bleibt der unterste Schliessknopf in der Regel offen. Komplett zugeknöpft werden nur Uniformjacken.
Lassen Sie für den letzten Schliff unbedingt den Änderungsschneider ran – nur selten stimmen Rücken, Ärmellänge und Taillenweite auf Anhieb. Bei korrekter Länge gibt der Ärmel des Vestons den Blick auf 1,5 bis 2,5 Zentimeter der Hemdmanschette frei.

Das Innenleben eines Anzugs ist eine hochkomplexe Sache. Mehrere Schichten von Einlagen und Wattierungen sorgen dafür, dass Brustteil und Revers Volumen und Sprungkraft haben.

Der zweiteilige Anzug

Die meisten Konfektionsanzüge, die heute verkauft werden, bestehen aus einem einreihigen Veston und einer Hose ohne Bundfalten, der so genannten Flatfront-Hose. Dieser zweiteilige Anzug ist für alle Jahreszeiten eine sichere und unverdächtige Wahl.

Drei Kriterien bestimmen die Wirkung eines guten Anzugsjacketts:
- Schulter
- Länge des Vestons
- Taillenknopf

Die Schultern geben dem Kopf und Gesicht den nötigen Rahmen und sollten eine natürliche Proportion haben. Zu breite Schultern lassen den Anzug zu gross und den Kopf zu klein aussehen, wogegen eine zu eng geschnittene Schulterpartie den Träger beengt und sein Haupt unnatürlich gross aussehen lässt.
Eine Schulter sollte so geschnitten sein, dass der Arm bequem im Veston Platz hat, ohne gegen den Ärmel zu drücken.
Der Saum des Vestons sollte, von der Hemdkragenkante bis zum Hosensaum gemessen, die Figur in zwei gleiche Hälften teilen. Eine andere bewährte Methode ist, die Saumlänge aufrecht stehend anhand des zweiten Daumengliedes zu bestimmen. Auf jeden Fall sollte das Jackett das Gesäss des Mannes zur Gänze bedecken.
Der Taillenknopf des Vestons ist jener Knopf, mit dem das Jackett hauptsächlich geschlossen wird – bei Zweiknöpfern ist dies der obere, bei Dreiknöpfern der mittlere Knopf. Er befindet sich in der Regel wenige Zentimeter über oder unter der natürlichen Taille oder der schmalsten Stelle des Torsos. Ein korrekt platzierter Taillenknopf lässt Beine wie Oberkörper in der maximalen Länge erscheinen.

Die dreiteilige Kombination

Wenngleich der dreiteilige Anzug aus den meisten Konfektionsgeschäften heute fast ganz verschwunden ist, bleibt er für viele stil- und traditionsbewusste Männer eine valable Option – gerade im Herbst und Winter, wenn der zusätzliche Stoff der Weste extra Wärme gibt. Die Weste, das Gilet, erlaubt zudem ein reicheres Spiel mit Proportionen und Accessoires und gibt, wenn man das Jackett auszieht, einen «angezogeneren» Eindruck als das blosse Hemd.

Eine andersfarbige Weste in ein einfarbiges Outfit zu kombinieren ist eine zeitgenössische Möglichkeit, dem Outfit etwas modischen Pep zu geben. Nach ganz traditioneller Lehre trägt man zur Weste allerdings keinen Gürtel, sondern Hosenträger.
Der oberste Knopf einer korrekt geschnittenen Weste schaut auf der Brust zwischen dem Revers des geschlossenen Vestons heraus, und die Weste bedeckt den Hosenbund und Gürtel. Der Rücken der Weste wird aus demselben Stoff gefertigt wie das Innenfutter des Vestons. Eine Weste sollte über mindestens zwei Taschen und im Rücken über eine justierbare Taillenweite verfügen.

Masskonfektion

Die Masskonfektion versucht, anders als «genormte» Konfektion ab Stange, genauer auf die individuellen Masse des Kunden einzugehen, ohne dabei signifikant teurer als ein standardisierter Anzug zu sein. Möglich ist dies dank rationalisierter Prozesse in der Erfassung der abweichenden Masse und eines minimierten Lagerrisikos.

Grosse Grössen

Die meisten Männer, auch solche mit anderen als idealen Proportionen, wollen gut aussehen. Das Ideal schreibt eine breite Schulter und eine schmale Taille vor – leider nicht genau das, was Männer mit «prominenter Mitte» vorzuweisen haben. Ein gut geschnittener Anzug minimiert dieses Missverhältnis und optimiert die Silhouette. Schon bei so genannt normal proportionierten Männern ist die korrekte Passform des Anzugs von grosser Bedeutung – bei stärkeren Figuren wird sie zum alles entscheidenden Kriterium. Die meisten Anzüge ab Stange, die über einen stattlichen Bauch passen, sind aber in Schulter und Bein zu weit, ausserdem sind die Ärmel oft zu lang. Hier sollte unbedingt ein erfahrener Schneider Hand anlegen und die Missverhältnisse korrigieren.

Ein sicherer Tipp für stärkere Figuren ist, grossformatige und überdeutliche Muster zu vermeiden, weil sie die Proportionen negativ akzentuieren. Dagegen sollte der Blick von der Mitte weg, hin zum Kopf und zu den Beinen gelenkt werden. Der zweiknöpfige Veston streckt den Oberkörper, während der Dreiknöpfer schnell unnötig massiv wirkt. Alle Linien des Anzugs sollten für stärkere Figuren die Vertikale akzentuieren und die Figur optisch strecken. Ein einfarbiges, dunkles Ensemble ist dazu geeigneter als eine sehr kontrastreiche Kombination. Bundfalten geben Bewegungsweite und lenken den Blick zu den Knien. Horizontal angelegte Details wie Klappentaschen müssen in ihrer Positionierung dagegen sorgfältig abgewogen werden.

Männer mit prominenter Mitte – wie Sir Peter Ustinov (1921–2004) – tun gut daran, die Hose nicht unter dem Bauch festzuzurren. Mit einem Paar Hosenträger verschafft man sich die bessere Proportion und mehr Wohlgefühl.

In der Masskonfektion werden Abweichungen gegenüber den handelsüblichen Standardgrössen in einem individuellen Massblatt erfasst und vor dem Zuschnitt des Anzugs an die Produktionsstätten weitergegeben, wo die Änderungen gleich vom Beginn des Fertigungsprozesses an berücksichtigt werden können. Gefertigt wird der Anzug dann aber nicht nach alter Schneidertradition und von Hand, sondern meist wie ein herkömmlicher Anzug auf industrialisierten Produktionsstrassen. Auf diese Weise werden die Vorteile des Schneiderhandwerks und die des Grossbetriebs kombiniert. Die Rechnung geht für den Kunden wie für den Anbieter auf: Ein solcher, auf persönliche Masse geschnittener Anzug kostet in der Regel etwa dreissig Prozent mehr als gute Stangenware, sieht aber doppelt so perfekt aus. Die Lieferfrist dauert in der Regel einige Wochen. Ein für den Anbieter angenehmer Nebeneffekt ist, dass er keine Lager zu halten braucht und der Kunde später meist wieder auf Mass bestellt.

Das Baukasten-Modell

Gut assortierte Männermode-Spezialisten bieten im Bereich der Standardanzüge auch so genannte Baukasten-Lösungen an, bei denen die Grösse des Vestons und die der Hose getrennt gewählt und kombiniert werden können.

Die Farben

Komponieren Sie eine Garderobe, wie wenn Sie ein Maler wären, der vor einer leeren Leinwand steht – so erklärt der englische Modemacher Paul Smith das Funktionsprinzip der Männermode. Aussen herum ist der Rahmen, und der ist normalerweise in neutralen Farben gehalten, die das Bild selbst nicht überstrahlen. Wie Paul Smith sagt, ist dieser Rahmen beim Mann die äussere Hülle, also der Anzug und der Mantel. Dann kommt die Leinwand, auf der das Bild gemalt ist – sie ist am besten hell, um das Motiv am besten zur Geltung zu bringen, das dann ruhig auch etwas bunt sein darf. Die Leinwand ist für Paul Smith das Hemd oder der Pullover. Das Motiv selbst bilden schliesslich die Accessoires wie Schal, Krawatte und Einstecktuch.

Die **Graupalette** (Stein bis Anthrazit) erlaubt fast uneingeschränkte Kombinationen – allerdings muss man auf genügend Kontrast zwischen verschiedenen Nuancen achten. Schwarz ist im Business etwas zu förmlich und besser für Abendanzüge geeignet.

Die **Blaupalette** erlaubt einen genauso korrekten, aber etwas weniger förmlichen Ausdruck. Favoriten sind dunkle Töne wie Marine, Nachtblau oder dunkles Ultramarin. Zu einem dunkelblauen Anzug sieht ein hellblaues Hemd (blue collar) frisch und angemessen aus.

Schwarz: Von der Trauer- zur Trendfarbe

Christopher Lee (*1922) verkörperte zwischen 1958 und 1973 insgesamt sieben Mal den transsilvanischen Schlächter und Blutsauger Graf Dracula. Die Figur des Dracula nimmt Bezug auf das 15. Jahrhundert und den rumänischen Grafen Vlad III. Draculea, der von seinen Feinden auch als Tepes gefürchtet war, weil er die Angewohnheit hatte, Widersacher auf Pfähle aufzuspiessen.

Es ist eine finstere Laune der Mode, dass ausgerechnet die Farbe – oder eben Nichtfarbe! –, die früher Unheil, Tod und Trauer darstellte, seit den Achtzigerjahren die Lieblingsfarbe der Modewelt geworden ist. Denn vor der «Japanischen Revolution» unter Yohji Yamamoto oder Rei Kawakubo galt Schwarz jahrhundertelang als negativ besetzt. Einst hiess es sogar, dass Menschen mit Hang zur Melancholie «schwarzes Blut» hätten. Schwarz wurde also nur dort verwendet, wo Trauer anzuzeigen war – man denke an Königin Viktoria, die nach dem Tod ihres Albert für den Rest ihres Lebens nur noch Witwentracht trug.

Schwarz wurde auch als Mittel zur politischen oder gesellschaftlichen Abgrenzung eingesetzt, so etwa bei den italienischen Faschisten, die als «Schwarzhemden» bekannt waren. Der Henker oder der Sensemann tragen ebenso Schwarz, und natürlich der Teufel selbst, etwa wenn er als Dracula seine Opfer aussaugt. Seltsam allerdings auch: Im Klerikalen steht Schwarz bis heute fürs Gewand katholischer Priester.
Mit der Jugendkultur hat die Farbe Schwarz seit den Siebzigerjahren eine nach wie vor subversive, aber weniger düstere Bedeutung erhalten. Schwarz kann eine politische Agitationsgruppe sein («Schwarzer Block») oder auf eine gitarrenverliebte Subkultur hinweisen («Black Metal» oder «Gothic»).

Schwarz kann heute allerdings auch bedeuten, dass ein Mensch sich zu den schönen Künsten, der Architektur, Grafik oder Mode hingezogen fühlt. Für diese Berufs- und Gesellschaftsgruppen ist die schwarze «Uniform» aus Anzug und dunklem Rolli interessant, weil sie die totale Reduktion darstellt. Schwarz markiert eine absolute Haltung und ist deshalb auch in der Männermode dort am Platz, wo es um eindeutige Bekenntnisse geht: etwa in der Abendgarderobe. Fürs Tagesoutfit wird Schwarz aber oft als zu förmlich angesehen.

Naturtöne eignen sich sowohl für den Winter wie den Sommer, wenn eine entspannte Attitüde gesucht ist: Bei schweren Stoffen verleihen sie herben Country-Chic, in leichten Gabardines eine ungezwungene Note. Vorsicht bei der Abstimmung auf den individuellen Hautton.

Bunte Akzente tun so mancher Garderobe gut und verleihen modisches Flair, sei das mittels eines kräftigen Hemdmusters, einer farbigen Krawatte, eines Einstecktuchs oder auch mit attraktiven Pullovern oder Strickjacken in leuchtenden Farben.

DER VESTON

Die Vestonjacke, ob als integraler Teil des Anzugs oder als einzelnes Kleidungsstück, geht auf den englischen Reitrock zurück. Dieser lange, im Rücken geteilte Mantel wurde im Laufe der Jahrhunderte vorne sukzessive kürzer geschnitten, bis daraus der Cutaway oder Morning Coat, später der Gehrock oder Frock Coat entstand.

Vom Reitrock zum Veston

Von den historischen Vorläufern Morning und Frock Coat bis zum heutigen Lounge Suit Jacket oder Sakko und dem modernen Veston war es nur ein kurzer Weg – er führte zuerst über die Sportbekleidung und wurde vor rund hundert Jahren zum allgemein üblichen Freizeitgewand des Landadels, später auch zur Alltagsjacke oder eben zum «Strassenanzug» aller sozialen Schichten.

Kennzeichnend für einen Veston ist das Revers, das im Grunde einem umgelegten Stehkragen und einer teilweise nach aussen gewendeten Knopfleiste entspricht, heute aber eine ganz andere Konstruktion bedingt. Kaum jemand wird das Revers jemals noch hochklappen, ausser vielleicht bei einem sportiven Cord- oder Tweed-Anzug. Das Revers entstammt dem einreihigen Jagdanzug, ebenso wie die Ärmelknöpfe, die einst die Manschette schlossen. Heute sind die Ärmelknöpfe nur noch bei sehr exklusiven oder auf Mass gefertigten Vestons aufknöpfbar, in der Regel haben sie rein dekorativen Charakter. Das Knopfloch auf dem (linken) Revers hat allerdings sehr wohl eine Bedeutung: Hier steckt der Gentleman eine Blume ein – sehr gut gemachte Revers haben auf der Rückseite sogar eine Schlaufe, um den Stiel der Blume festzuhalten.

Passform und Material

Ein gut geschnittener Anzug betont die Breite der Schultern und akzentuiert mit gezielt geführten Abnähern und Seitennähten die Taille. Sitzt ein Veston an der Schulter nicht, so ist meistens nicht mehr viel zu retten. Prüfen Sie deshalb als Erstes immer, ob das Revers schön am Hemdkragen anliegt und der Veston im Nacken keine Falten wirft oder spannt. Ein weiteres Indiz für gute Produktion sind sorgfältig aufeinander abgestimmte Musterverläufe in Streifen oder Karos – gut ist, wenn sich eine Linie in den eingestürzten oder aufgesetzten Taschen sowie am Ärmel ohne jeden horizontalen oder vertikalen Bruch fortsetzt.

Die Herstellung eines Anzugs ist eine hochgradig komplexe Wissenschaft. Bezüglich der Materialität, Kombination, Abfolge und (manuellen) Verarbeitung der verschiedenen Einlagen hat fast jeder Produzent seine eigene Philosophie. Fakt ist, dass man Anzüge ohne besondere Geräte und Kenntnisse nicht herstellen kann und dass sie, durch ihre besonders delikate Verarbeitung, auch nicht waschbar sind. Vestons sind in der Regel aus Wolle (wobei diese sehr leicht und durchaus sommerlich sein kann), Leinen, Baumwolle oder Cashmere gefertigt. Leichtere Sommeranzüge werden manchmal nur teilweise («amerikanisch») gefüttert.

Ein oder zwei Schlitze?

Wichtigste Grundregel: Jeder ordentliche Veston sollte mindestens einen Rückenschlitz haben. Konfektion, die ganz ohne Schlitz gefertigt wird, verdient es nicht, beachtet oder gar gekauft zu werden. Der Schlitz stammt vom Reitrock ab und diente dazu, dass der Rücken links und rechts des Sattels frei fallen konnte. Heute dient der Schlitz dazu, der Hand den Zutritt zu den Hosentaschen zu erleichtern, ohne dass der ganze Veston hochgeschoben werden muss.
Ein mittig im Rücken angebrachter Schlitz, wie ihn die Amerikaner vorziehen, ist das Minimum. Der englische, in die hintere Seitennaht versetzte Doppelschlitz ist allerdings deutlich eleganter und ausgefeilter, aber auch problemanfälliger – bei einer Änderung verursacht er doppelte Arbeitskosten, ausserdem neigt er dazu, einen ausgeprägten Hintern ungebührlich stark zu betonen.

Merke: Die grossflächigen Etiketten, welche die Hersteller oft aussen am linken Ärmel eines Konfektionsanzugs annähen, sind nur als Blickfang fürs Geschäft gedacht und deshalb vor dem ersten Tragen tunlichst zu entfernen.

Ein- oder zweireihig?

Es gibt einreihig oder zweireihig geschlossene Vestons – die einreihigen (Bild links) haben in der Regel ein in der Schulterlinie «fallendes» Revers, die zweireihigen meistens ein nach oben hin spitz zulaufendes Revers. Der einreihige Veston hat normalerweise zwei oder drei Knöpfe, wobei der unterste nie geschlossen wird. So genannte Einknöpfer sind eher im Bereich der Freizeitgarderobe oder auch des Abendanzugs zu finden. Der zweireihige Veston (Bild rechts) hat gegenüber dem einreihigen Modell eine deutlich aufwändiger gestaltete Frontpartie – zwei der sechs in Trapezstellung angeordneten Knöpfe werden geschlossen – einer bleibt immer offen und drei sind reine Dekoration, die dazu dient, die zu den Schultern hin ansteigende V-Linie des Vestons zu akzentuieren. Der Zweireiher hat in den allermeisten Fällen ein spitzes, gegenüber dem Einreiher sichtbar breiteres Revers.

Der Kragen des Vestons ist üblicherweise mit Filz unterlegt. Die Ärmelknöpfe haben, ausser bei exklusiveren und auf Mass gefertigten Modellen, rein dekorativen Charakter. Sie sollten so angeordnet sein, dass sie sich berühren («kissing buttons»).

Elegant und korrekt auch im Sommer

Die meisten kommerziell produzierten Vestons sind mit ihren mehrlagigen Innenverarbeitungen, Verklebungen und synthetischen Futterstoffen kaum für richtig warme Tage geeignet. Hier empfiehlt sich der Griff zu leichteren, natürlichen Stoffen aus Baumwolle, Leinen, Seide oder extrem leichter Wolle. Solche Vestons werden meistens auch nicht komplett, sondern nur teilweise gefüttert.

Die «amerikanische» Halbfütterung (Bild) etwa sorgt für Leichtigkeit und verbesserte Luftzirkulation, weil das Vorderteil nur im Bereich der Brust und der Rücken nur entlang der Schultern doppelt verarbeitet ist.

Die «amerikanische» Halbfütterung eines Vestons sorgt im Sommer für Leichtigkeit und ein Plus an Luftzirkulation.

R.N.V.R. steht für die britische Royal Navy Volunteer Reserve, einer 1903 gegründeten Untereinheit der Royal Navy Reserve R.N.R. – das Logo trugen semiprofessionelle Navy-Reservisten, die aus den Küstendiensten, der kommerziellen Seefahrt und der Fischerei für den Einsatz auf Kriegsschiffen rekrutiert wurden. Die R.N.V.R. war auch bekannt als «Wavy Navy», weil die Streifen auf den Ärmeln der Jacken nicht gerade, sondern gewellt waren. 1958 wurde die traditionsreiche R.N.R. in die viel grössere R.N.V.R. integriert.

Blazer: Ein Schiff wird kommen

Im Umgangssprachlichen werden die meisten einfacheren Sakkos oder Vestons als «Blazer» bezeichnet – obwohl das sachlich ziemlich falsch ist. Denn der Blazer ist nur ein einziger, ganz bestimmter Jackentyp, der seine Ursprünge in der englischen Seefahrt (Royal Navy) hat.

Der Legende nach war es Queen Victoria, die 1837 anlässlich eines Besuchs der Fregatte «HMS Blazer» derart von den Uniformen der jungen Diensttuenden an Bord begeistert war, dass sie empfahl, diesen dunkelblauen und mit Goldknöpfen besetzten Jackentypus doch zum Standard für die ganze Marine zu machen. «Se non è vero, è ben trovato» – für diese Anekdote gibt es keine schriftlichen Quellen, aber sie klingt so plausibel, dass man die «Erfindung» des Blazers der englischen Monarchin zuschreibt.

Der Urtyp des Blazers war dunkelblau und hatte zwölf goldene Knöpfe in zwei Reihen. Auf der Brusttasche war ein Wappen des Regiments aufgenäht. Heute wird der Blazer wahlweise ein- oder zweireihig gefertigt, und auch das Dunkelblau ist keine absolute Regel mehr: Blazer-Jackentypen gibt es heute sogar in Weiss. Sie erinnern an englische Sportklubs, welche den Blazer als einreihige Jacke populär machten.

Auch heute ist der Blazer nach wie vor eine sportive Jacke, die im freizeitlichen Kontext angemessen aussieht – wahlweise mit oder ohne (Klub-)Krawatte. Der Blazer passt am besten zu farbigen Baumwollhosen oder auch zu Jeans, in kühleren Tagen auch zu grauen Flanellhosen.

Der Veston bildet die Basis eines jeden ordentlichen Outfits, ob es nun lässig, rustikal, elegant oder formell ist. Ein einzelner Veston lässt sich hervorragend mit andersfarbigen Hosen kombinieren – helle **Baumwoll-Chinos** (Bild links) sind dazu ebenso geeignet wie dunkle Flanellhosen oder auch Jeans. Auch ein konventioneller **City-Anzug** lässt sich mit etwas Fantasie für andere Zwecke nutzen, sei das etwa mit einem Poloshirt und einem bunten Schal für eine entspannte Abendveranstaltung in sommerlicher Atmosphäre. Egal, wie lässig eine Einladung sein mag – ein Gentleman trägt immer ein Jackett.

Tweed & Cord

Der ursprüngliche Tweed, ein relativ grobes, strukturiertes und belastbares Material für Anzüge und Mäntel, stammt von den schottischen Hebriden, einer der schottischen Westküste vorgelagerten Inselgruppe, und wurde ursprünglich für englische Jagdbekleidung verwendet. Der Name stammt also nicht vom Fluss Tweed, sondern ist eine überlieferte Fehlinterpretation des schottischen Worts «Tweel» (Twill). Oft wird Tweed mit Karomustern gefertigt, so auch für die bekannten Schottenröcke.

Die meist recht kräftigen Tweeds sind aus reiner Wolle gefertigt, wobei nach alter Schule gewebte Stoffe den Zusatz «Homespun» haben und oft nur 70 Zentimeter breit sind. Traditionelle Tweeds, darunter auch der bunte «Harris-Tweed», sind oft mit einem speziellen Gütesiegel gekennzeichnet, einem Reichsapfel mit Malteserkreuz, den sich auch die englische Modemacherin Vivienne Westwood zum Markenzeichen machte.

Cord, in der Schweiz auch «Manchester» genannt, ist ein Sammelbegriff für Gewebe mit mehr oder minder deutlich strukturierten Längsrippen mit samtartiger Oberfläche. Cord-Vestons oder -Anzüge sind in der Regel im Freizeitbereich zu finden, wobei auch feine Babycords im Businessbereich eingesetzt werden. Cord ist relativ belastbar und schmutzabweisend.

Das Wort Cord stammt von Corduroy, das wiederum auf «Cord du Roi» zurückgeht und einen Stoff beschreibt, den früher nur die Jäger des französischen Königs tragen durften. Corduroy beschreibt im Englischen noch heute alle Cord-Qualitäten, wogegen der Begriff im Deutschen nur noch für besonders feine und samtene Cords verwendet wird. Hat das Material eine «gebrauchte» Optik, spricht man von Antikcord. Die Cord-Qualitäten werden nach ihrer Anzahl Rippen pro 10 Zentimeter eingeteilt:

- Kabelcord: 8 Rippen
- Trenkercord: 10 bis 26 Rippen
- Genuacord: 27 bis 40 Rippen
- Feincord: über 41 Rippen

Tweed gibt dem Look etwas Rustikales, Freizeitiges und prädestiniert ihn damit fürs Wochenende oder das informelle Meeting auf dem Land. Aufgrund der relativen Schwere eignet sich das Material eher für Einsätze im Herbst und Winter denn im Sommer. Ein **Tweed-Veston** kann, mit einem Pullover getragen, zeitweise auch einen Mantel ersetzen. Der fein gerippte **Cord-Veston** stammt ebenso aus dem Bereich der Freizeitgarderobe und kann gut mit robusten Baumwoll- oder Moleskin-Hosen getragen werden.

DIE HOSE

Die helvetische Redewendung «Wer hat die Hosen an?» suggeriert, dass Hosen nicht nur ein Zeichen von Männlichkeit, sondern auch von Macht sind.
Heute tragen auch Frauen sehr selbstverständlich Hosen – und bis Männer wieder Röcke tragen werden, dürfte es noch eine kleine Eiszeit lang dauern.

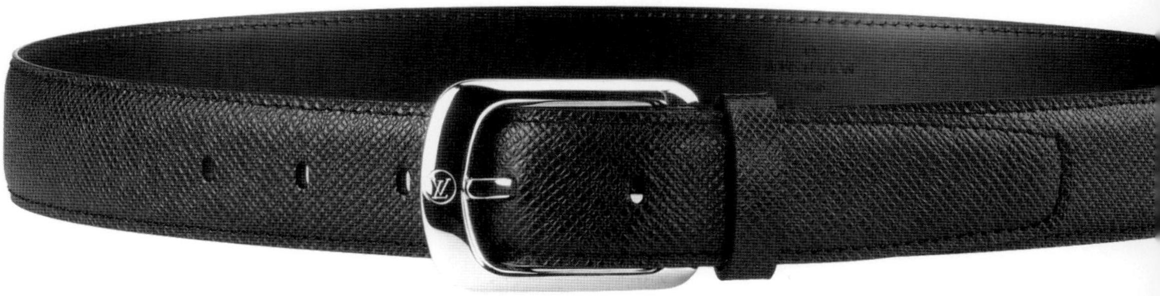

Der kleine Knick, der vorne durch das Aufliegen des Hosenbeins auf dem Rist des Fusses entsteht, ist keine stilistische Nachlässigkeit, sondern «comme il faut». Hauptsache, die Hosenbeinlänge stimmt hinten und endet knapp über der Absatzkante.

Schnitt und Passform

Eine Hose muss am Oberschenkel, am Bund, im Schritt und am Gesäss perfekt sitzen. Weil das selten ab Stange so ist, haben hochwertige Herrenhosen einen im Rücken geteilten Bund, der Anpassungen der so genannten Leibweite ermöglicht. Das ist kein Luxus, sondern unerlässliche Pflicht, denn in zu engen Hosen sehen auch schlanke Männer aus, als seien sie aus dem Leim gefallen. Und zu weite Schlabberhosen sollten nur Herren tragen, die Charlie Chaplin ernsthaft Konkurrenz zu machen gedenken.

Flatfront vs. Bundfalte

Die Mode gibt derzeit eine relativ körperbetonte und schlanke Silhouette vor. Deswegen sind die Bundfalten fast vollständig aus den Sortimenten verschwunden. Sie wirken, anders als die bundfaltenlose Flatfront-Hose, rasch altbacken – im Zweifelsfall greifen Sie deshalb zur Hose ohne Bundfalten. Dennoch gibt es gewisse Figurtypen und Grössen, die mit einer oder zwei Bundfalten besser bedient sind.

Material

Ordentliche Hosen sind aus feiner Schurwolle oder Flanell gefertigt, wobei in solchen Fällen mindestens der vordere Teil des Beins von oben bis zum Knie gefüttert sein sollte, um ein Scheuern des Stoffes auf der Haut zu verhindern. Eine Alternative sind Freizeithosen aus Baumwoll-Twill oder Cord. Stretch und Synthetics haben im Herrenhosenregal gar nichts verloren.

Die korrekte Länge

Hosen sollten immer auf die individuelle Länge des Beins angepasst werden. Der Saum des meist schlanken, ohne Bundfalten gearbeiteten Beinkleids endet knapp über der Absatzkante und ist innen mit einem Stossband versehen, um den Stoff vor Verschleiss zu schützen. Wer mag, lässt den Saum vorne leicht höher legen, um den Stoffknick auf dem Rist des Fusses zu reduzieren.

Bügelfalte und Umschlag

Eine frische Bügelfalte macht einen gepflegteren Eindruck – achten Sie darauf, diese «scharfe Kante» in der Hose regelmässig aufzufrischen. Ausgebeulte Hosen, in denen sich die Bügelfalte bestenfalls noch am Saum erkennen lässt, weisen auf eine nachlässige Garderobenpflege hin. Vorsicht vor Umschlägen: In ihnen sammelt sich Staub und Alltagsschmutz. Regelmässig wenden und ausbürsten, bevor die Hosen (am Saum) aufgehängt werden.

Die Bügelfalte der Hose sollte ohne jedes Spannen oder Ziehen in Richtung des Knies verlaufen und von dort auf die Mitte des Schuhs fallen. Wenn die Falte überhaupt von dieser Linie abweicht, dann nur nach innen hin – alles andere erweckt den Eindruck von X-Beinen. Der Saum der Hose sollte vorne mit einem leichten Knick auf dem Schuh liegen und hinten kurz über dem Absatz enden. Auf jeden Fall sollte die Hose die Socken bedecken, auch wenn man sich bewegt. Die Italiener interpretieren diese Regel allerdings gerne auch etwas anders und schneiden die Hosen manchmal knöchelkurz.

Baumwollhosen sind, anders als die meisten Wollhosen, bequem in der Maschine waschbar – allerdings sollte bedacht werden, dass die Faser dabei einläuft und eine Hose, die im Geschäft auf die korrekte Länge gekürzt wurde, nach dem Waschen plötzlich zu einer «Hochwasserhose» werden kann.

Kurze Hosen

Ein echter Gentleman zeigt sich öffentlich niemals in kurzen Hosen – Ausnahmen sind private Gartenpartys, Spaziergänge am Strand oder sportliche Aktivitäten. Männer, die in Shorts in der Stadt oder gar zur Arbeit erscheinen, sehen aus wie kleine Jungs, die dem Kindergarten entlaufen sind.

Wunderbare Hosen, und das gleich doppelt: Charlie Chaplin (1889–1977) mit seiner Liebe Paulette Goddard in einer Aufnahme aus dem Jahr 1936.

Reine Wolle gehört zu den wichtigsten Materialien der Männermode, noch vor der Baumwolle. Aus den Haaren von Schafen, Ziegen, Lamas oder Angora-Kaninchen lässt sich von hauchfeinen, sommerfrischen Tüchern bis zu dicken, winterfesten Geweben ein Stoff für jedes Bedürfnis oder Kleidungsstück fertigen, sogar für die Unterwäsche.

Wolle gehört wie Seide zu den so genannten Protein-Fasern und ist ein natürlich nachwachsender Rohstoff. Bereits die südamerikanischen Ureinwohner fertigten aus den Haaren von Lamas, Alpakas oder Vikunjas Wollgarne.
Zur Wollgewinnung werden die Tiere auch heute noch geschoren oder ausgekämmt, so etwa die berühmten Kaschmirziegen. Einige Schafrassen werden auch gezupft, wobei dieses Prozedere für die Tiere schmerzfrei ist.
Nach der Schur wird die Wolle gewaschen, gekämmt, gefärbt oder gebleicht und mittels hochsensibler elektronischer Spinnmaschinen zu Fäden versponnen.
Je dünner und länger ein Faden aus ein und demselben Ballen Wolle wird, desto besser ist die Qualität der Wolle. Die Fäden lassen sich zu Stoffen weben, zum Stricken (Strickwaren) und zu Trikotagen verwenden oder zu Filz verarbeiten. Wolle hat ausgezeichnete Thermoregulations-Eigenschaften, weil sie im Innern der Faser bis zu 33 Prozent ihres Trockengewichtes an Wasserdampf aufnehmen kann, ihre Oberfläche Wasser jedoch abstösst. Wolle leitet Feuchtigkeit ausserdem wesentlich schneller ab als etwa Baumwolle. Aus Wolle gefertigte Stoffe bestehen bis zu 85 Prozent aus Luft und isolieren daher gut. Wolle nimmt Schmutz schlecht an und knittert nur leicht, weil die Faser elastisch ist.
Die hochfeine Merinowolle stammt vom Merinoschaf und zeichnet sich durch einen besonders weichen Griff aus. Merino kommt in hochwertigen Kammgarnen für Oberbekleidung zum Einsatz.
Die Faserfeinheit reicht von rund 12 bis 23,5 Mikrometer – den Weltrekord für die feinste Merinowolle reklamiert die italienische Woll- und Kaschmirweberei Loro Piana für sich.

Wer untersuchen will, ob ein Stoff aus Wolle oder anderen Fasern besteht, macht mit einer Faser die Brennprobe. Wolle ist relativ schwer entflammbar und verkohlt mit dem unverkennbaren Geruch von verbranntem Horn.
Für die Forschung, Entwicklung und Förderung der internationalen Wollwirtschaft wurde 1937 das Internationale Wollsekretariat IWS mit Sitz in London gegründet.

Schurwolle? «Super 100»?

Die Bezeichnung Schurwolle bestätigt, dass es sich um neue, von einem lebenden Tier stammende Wolle und nicht um wiederverwendete, z.B. aus Alttextilien

Schafe sind Herdentiere.
Je mehr sie Wind und Wetter ausgesetzt sind, umso dichter und widerstandsfähiger ist die Wolle, die bei der Schur gewonnen wird. Geschoren werden Schafe noch immer von Hand. Nach der Schur wird die Wolle gewaschen, gekämmt, versponnen und gefärbt.

rezyklierte Fasern handelt. Qualitätsbezeichnungen wie «Super 100» oder «Super 120», die man heute in vielen Anzügen findet, benennen die Feinheit des versponnenen Wollgarns.
So bedeutet «Super 100» etwa, dass 100 Meter des Garns nur ein Gramm wiegen. Je höher also die Zahl, desto feiner das verwendete Garn: So wird bei «Super-120»-Stoffen ein 120 Meter langes Garn aus einem einzigen Gramm Wolle gesponnen. Spezialisten bieten auch «Super-200»-Qualitäten an, wobei diese mehr eine Spielerei für Liebhaber als noch funktionale Alltagsstoffe sind.

Vier Hosen, die jeder Mann haben sollte

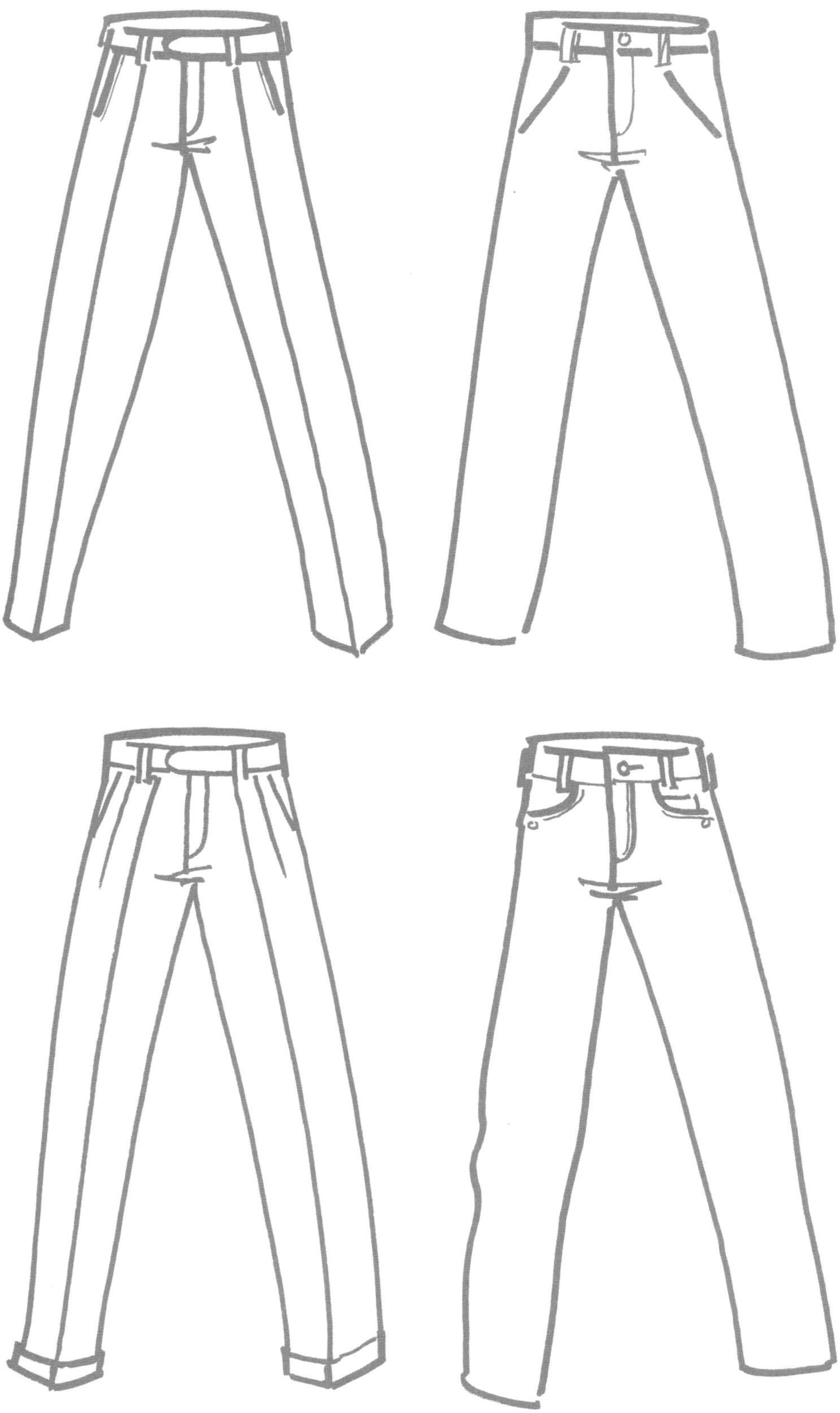

Die Flatfront-Hose

Kommt ohne Bundfalten aus und kann mit seitlicher Schlitztasche oder mit schräger bzw. horizontaler Stecktasche angeboten werden. Eine Bügelfalte ist bei Freizeithosen nicht nötig, gehört aber bei Businesshosen zwingend dazu. Ein Saumumschlag ist nicht üblich.

Die Chino-Hose

Die robuste Freizeithose aus belastbarem, naturfarbenem Twill wird wie eine Jeans meist ohne Bundfalten geschnitten, hat aber traditionellere Taschenformen, also einen französischen Tascheneingriff oder Paspeltaschen.

Die Bundfaltenhose

Eine bis zwei Bundfalten, wahlweise zur Tasche oder zur Leibmitte hin gelegt, kennzeichnen die etwas weiter geschnittene Bundfaltenhose. Sie ist besonders bei grösseren Grössen empfehlenswert. Die Tasche wird immer vertikal geschnitten. Saumumschläge sind nach Belieben möglich.

Die Jeans

Eine gerade Five-Pocket-Hose in indigoblauem, nicht zu stark verwaschenem Denim gehört zur Grundgarderobe. Die 1872 von Levi Strauss patentierte Jeans kam nach dem Zweiten Weltkrieg als jugendliches Protestmittel in Mode.

Die Levi's und ihre deutschen Wurzeln

Levi Strauss, 1829 als Löb Strauss im oberfränkischen Buttenheim bei Bamberg geboren, legte in den USA als Textilproduzent eine Traumkarriere hin. Sein Erfolgsrezept: Er erkannte, was die abertausend Goldgräber brauchten, und stellte es als Erster in grosser Zahl her. Dem Phänomen der von Levi Strauss erfundenen Jeans ist in seinem Geburtshaus in Buttenheim ein ganzes Museum gewidmet.

Die Erfindung des wohl populärsten und am meisten verbreiteten Kleidungsstücks unserer Zeit geht auf die Mitte des 19. Jahrhunderts zurück, als der damals 18-jährige Deutsche Löb Strauss (1829–1902) mit seiner Mutter und seinen Geschwistern nach Amerika auswanderte. Nachdem der Vater Strauss, der als Hausierer tätig war, an Tuberkulose erkrankt und gestorben war, gab es für die junge Familie im oberfränkischen Buttenheim kein wirtschaftliches Auskommen mehr. 1847 bestiegen sie das Schiff in die neue Heimat, wo schon die beiden älteren Brüder von Löb Strauss lebten und im Textilhandel arbeiteten. Der junge Strauss stieg in New York im Geschäft der Brüder ein und nannte sich fortan Levi.

Im Zuge des Goldrausches, der ab etwa 1850 ganz Amerika erfasste, zog auch Levi Strauss bald nach San Francisco und gründete mit seinem Schwager und seinem Bruder ein Geschäft für Stoffe und Nähzutaten. Dort versorgte er die Goldgräber und stellte bald fest, dass diese für ihre Arbeit auf extrem dauerhafte, reissfeste Hosen angewiesen waren. Der junge Levi Strauss liess also aus gebrauchten braunen Zeltplanen Hosen nähen und landete damit einen Verkaufserfolg. Nach einiger Zeit stieg er auf indigoblauen Denim um, einen robusten Baumwollstoff. Der Begriff «Jeans» kam erst Jahrzehnte später in Gebrauch.

1873 bekam Levi Strauss mit seinem Geschäftspartner Jacob Davis ein Patent für eine vernietete Version der Goldgräberhose – die Jeans war geboren. Innert Jahresfrist verkauften die beiden Zehntausende von Kleidungsstücken und beschäftigten über 500 Angestellte. Heute ist aus der von Levi Strauss mitbegründeten Geschäftsidee ein internationaler Konzern geworden, der Zehntausende Menschen auf fünf Kontinenten beschäftigt.

Die Jeans

Die Geschichte der Jeans ist geprägt von vielen kleinen Missverständnissen und etymologischen Kuriosa. So stammt das Wort «Jeans» von der französischen Ursprungsbezeichnung «de Gênes», weist also auf das italienische Genua hin. Der für diese einfachen Baumwollhosen verwendete indigoblaue Stoff kam in der Regel aus Nîmes – und aus «de Nîmes» wurde «Denim», als die Amerikaner im 19. Jahrhundert damit begannen, die Jeans zu verfeinern.

Seit etwa 1920 spricht man von «Blue Jeans», ein Jahrzehnt später wurden die damals noch üblichen Hosenträger von Gürteln abgelöst und die Jeans mit Gurtschlaufen gefertigt. In den Fünfzigerjahren entdeckte die europäische Jugend die US-Arbeiterhose und machte sie zum Symbol ihres Aufstands gegen Tradition und Autorität. Stars wie Marlon Brando, James Dean oder Elvis Presley wurden zu den wichtigsten Botschaftern der blauen Hose. Noch lange wehrten sich etablierte Kreise gegen die «Nietenhosen», in der DDR waren Jeans teilweise verboten. Heute gehören Jeans zu den beliebtesten und universellsten Kleidungsstücken.
Die Grössenangaben folgen immer noch dem amerikanischen Ursprung: Die Bundweite und die Länge der Jeans werden in Inches angegeben (ein Inch entspricht 2,54 Zentimetern). Die Weite wird mit dem Buchstaben W definiert, die Länge mit L.

Jeans – Do or Don't?

Firmen, die ein kategorisches Verbot von Jeans aussprechen, haben die Zeichen der Zeit nicht erkannt. Denn die Denimhose ist heute ein zeit- und altersloses Allgemeingut. Wer eine Jeans elegant kombiniert, sieht unter Umständen zehnmal besser aus als einer in einem langweiligen 08/15-Anzug. Nur eines tue man bitte nie: die Jeans zur Krawatte tragen.

Der «King», Elvis Presley (1935–1977), war in jungen Jahren massgeblich an der Popularisierung der Jeans beteiligt. Undatierte Aufnahme.

DAS HEMD

Das Hemd rahmt das Gesicht ein und verleiht den individuellen Zügen mit dem Schnitt des Kragens zusätzliches Profil. Ein Hemd ist weit mehr als «das Unterhemd zum Anzug» – es ist, wie schon erwähnt, die Leinwand, auf dem die Persönlichkeit inszeniert wird. Alles, was Sie über ein gutes Hemd wissen müssen, und wie Sie ein solches auf einen Blick erkennen.

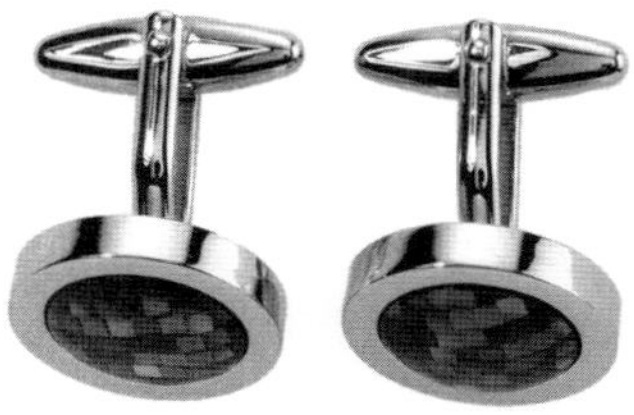

Schnitt und Passform

Die Zeit der zeltförmig geschnittenen Baggy-Hemden ist vorbei – passend zur schmaleren Silhouette des Anzugs zeigt sich auch das Hemd körperbetonter und essenzieller. Der Rumpf wird in der Mitte wo möglich leicht tailliert. Die alles entscheidenden Kriterien für einen korrekten Eindruck sind die Kragenweite und der Taillenumfang – ein Hemd, das seinem Träger die Luft abschnürt oder seine Leibesmitte hervorquellen lässt, ist kein Zeichen von sorgfältiger Garderobenplanung.

Kragenformen

Die üblichsten Kragenformen sind der flach vom Hals weg geschnittene Haifischkragen und der spitzer zur Brust hin zulaufende Kentkragen. Ersterer muss fast zwingend mit einem voluminöseren Krawattenknoten «gefüllt» werden, der Kentkragen lässt sich sowohl mit oder ohne Krawatte gut tragen. Verbreitet ist überdies der Buttondown-Kragen, dessen Spitzen mit zwei Knöpfen am Vorderteil des Hemds festgemacht sind und der am besten zu legerer Freizeitbekleidung und ohne Krawatte getragen wird. Für mehr Details siehe auch die nebenstehende Seite.

Material

Die besten Oberhemden sind aus Baumwolle – es gibt kein Material, das diese vielseitige Naturfaser im Bereich der Chemiserie je ersetzen konnte. Die besten Qualitäten sind Two-Ply (Vollzwirn), gekämmte oder ägyptische Baumwolle sowie karibischer Sea-Island Cotton. Im Sommer wird diese Palette um Seide oder Leinen ergänzt. Im Freizeitbereich sind, vor allem in der kälteren Jahreszeit, auch Jeans-, Cord- oder Flanellhemden möglich. Die feinste Webart ist der Batist, Chambray hat eine leicht changierende Optik, Gabardine bezeichnet festere Stoffe mit Diagonalrippen-Optik. Pflegeleicht- oder Bügelfrei-Ausrüstungen aus Kunstharzen erleichtern das Bügeln, schränken aber oft die Atmungsaktivität ein.

Perlmuttknöpfe

Obwohl heute in der Bekleidungsindustrie verbreitet Kunststoffknöpfe und auch Perlmutt-Imitate eingesetzt werden, bleibt der echte, aus der Innenschicht von Muschelschalen geschnittene Perlmuttknopf die Königsklasse und, da erheblich teurer, ein verbindliches Zeichen für gute Qualität. Je dicker der Knopf, umso kostbarer ist diese elegante Zutat. Er wird bei guten Hemden übers Kreuz angenäht.

Die Ärmel

Achten Sie darauf, dass die Ärmel des Hemdes lang genug sind – die Manschette sollte auch bei angewinkeltem Arm auf der Daumenwurzel aufliegen.
Die Manschette sollte nicht so weit sein, dass man sie geschlossen über die Hand ziehen kann.

Die Kragenformen

«Um Haut und Haaren zu schmeicheln, hält der Gentleman Hemd und Kragen in hellen Farben», sagte Sir Hardy Amies. Bloss welcher Kragen denn? Die Palette bietet, zumindest theoretisch, zwei Dutzend Optionen an – in der Realität sind es aber vor allem der Kent- und Haifischkragen, welche den Löwenanteil am Umsatz haben. Steh- oder Variokragen tauchen mit modischen Launen immer wieder mal auf, konnten sich aber bisher nie auf breiter Front durchsetzen.

Buttondown-Kragen

Haifischkragen

Kent- oder Citykragen

Reverskragen

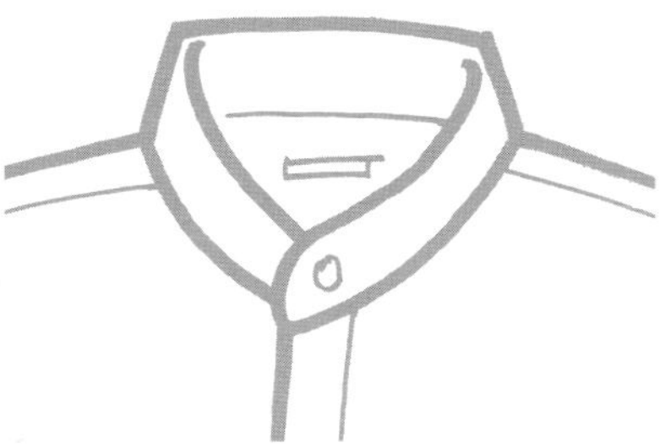
Stehkragen

Tab-Kragen

Variokragen

Vatermörderkragen

Die Qualitätsmerkmale eines Hemdes

Stichlänge

Ein gutes Hemd erkennt man nicht nur an der Exklusivität des verwendeten Materials, sondern auch an der Präzision und Detailverliebtheit, mit der es verarbeitet wurde. Feine, enge Nähte mit etwa sechs bis zehn Stichen pro Zentimeter sind ein Zeichen von guter Qualität, weil diese engere Stichfolge mehr Zeit braucht – in der industriellen Produktion der entscheidende Faktor für den Einkaufspreis eines Hemdes.

Buttondown

Es spricht im Grunde nicht viel gegen die aus den USA importierte Mode, die Kragenspitzen mit einem Knopf am Brustteil des Hemdes zu befestigen – das Buttondown-Hemd hat sich denn auch einen festen Platz in den Kleiderschränken dieser Welt erkämpft. Gut sehen (gemusterte) Buttondown-Freizeithemden aus – Businesshemden mit Knöpfchen sind dagegen spiessig und ein weit verbreiteter Fauxpas.

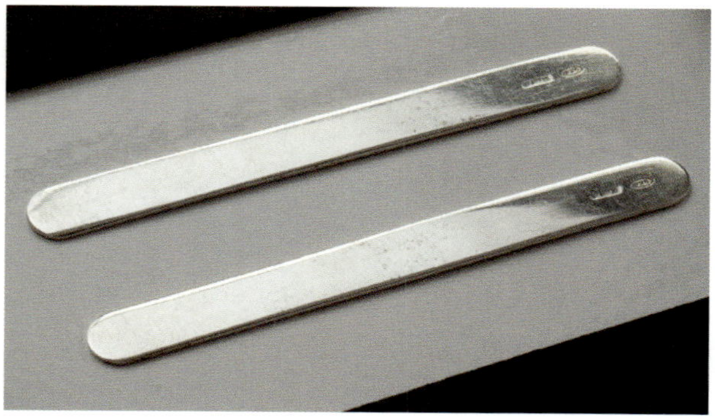

Kragenstäbchen

Jedes gute Hemd, zumindest jenes mit Haifisch- oder Kentkragen, sollte herausnehmbare statt fest eingenähte Kragenstäbchen haben. Die ab Fabrik mitgelieferten Kunststoff-Stäbchen sind, sofern sie nicht bedruckt sind, in Ordnung – richtig fein wird es aber erst, wenn man sie durch persönliche, vielleicht sogar gravierte Silber- oder Edelstahl-Stäbchen ersetzt. Vor dem Waschen unbedingt entfernen.

Kurzarmhemden

Das kurzärmlige Hemd ist wie das Buttondown-Hemd eine Erfindung der Freizeitmode und gehört auf keinen Fall zum Anzug oder zur Krawatte. Der Anzug erscheint bekanntlich nur dann vollendet, wenn man die Hemdmanschetten sieht. Gentlemen bevorzugen es daher, bei Hitze die Ärmel hochzukrempeln. An Deck eines Schiffes zu einer Bermuda- oder leichten Baumwollhose getragen, ist das Kurzarmhemd aber am richtigen Platz.

Kragen und Knoten

Der flache, von der Mitte weg geschnittene Haifischkragen verlangt nach einem voluminöseren Krawattenknoten (Half- oder Full-Windsor) und einer Krawatte aus dem dafür geeigneten, etwas festeren Material.

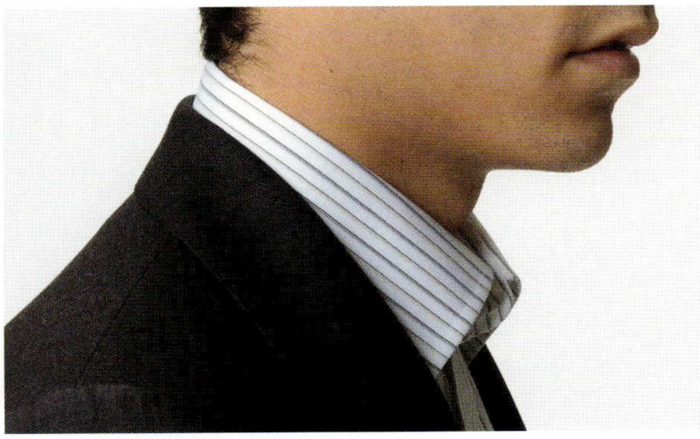

Kragenhöhe

Der Hemdkragen sollte im Nacken hoch genug geschnitten sein, um 1 bis 2 Zentimeter über den Vestonkragen hinauszuragen. Flache und weiche Kragen, die unter dem Veston «wegtauchen», gehören in die Freizeitmode.

Zu kurzer Hemdärmel

Ist der Hemdärmel zu kurz geraten oder gar abgeschnitten, so fehlt die für guten Stil so wichtige Daumenbreite an Hemd unter dem Anzugsärmel. Die Hand sieht dadurch nicht richtig bekleidet aus.

Richtige Länge

Die Hemdmanschette schaut 1,5 bis 2,5 Zentimeter unter dem Vestonärmel hervor, auch bei angewinkeltem Arm. Die Manschette liegt eng genug am Handgelenk an, um die Hand richtig zu umrahmen.

Merke: Eine scharfe Bügelfalte auf dem Ärmel ist ein Zeichen von rationeller Pflege, nicht von schlechtem Geschmack. Hemden sind Verbrauchsartikel, die sich rascher als ein Anzug abnützen und deshalb rechtzeitig ersetzt werden sollen.

Muster kombinieren

Das Hemd ist im Normalfall immer deutlich heller als der Anzug und verleiht dem Gesicht Frische und Präsenz. Zu einem unifarbenen Anzug passen gemusterte Hemden gut, wenngleich ein fein gestreiftes Hemd auch zu einem breiteren Nadelstreifen-Anzug passen kann. Im Zweifelsfall kombinieren Sie innerhalb des Dreiecks Krawatte – Hemd – Anzug zwei, aber nicht drei Muster. Wird eine gestreifte Krawatte zu einem gestreiften Hemd kombiniert, so ist darauf zu achten, dass sich die beiden Muster in ihrer Dimension deutlich voneinander unterscheiden und so einen Spannungsbogen schaffen. Ein gut geschnittenes Hemd sitzt ausserdem am Kragen locker genug, um noch mindestens einen Finger zwischen Steg und Hals stecken zu können.

Was, wenn es heiss wird?

Wird es während der wärmeren Jahreszeit tagsüber richtig heiss, so ist es absolut in Ordnung, die Krawatte auszuziehen und das Hemd ein Stück weit zu öffnen, um die Luftzirkulation zu verbessern. Ein Gentleman krempelt seine Ärmel hoch, trägt jedoch niemals ein Kurzarmhemd. Vorsicht bei fabrikneuen und damit noch ungewaschenen Hemden – die darin enthaltene Appretur schränkt die Atmungsaktivität und Feuchtigkeitsaufnahme der Fasern stark ein, die Folge sind unattraktive Schweissflecken. Ein feines Unterhemd kann helfen, das Problem zu minimieren.

Baumwolle gehört zu den ältesten Fasern, die Menschen für Bekleidung verwenden, und erfreut sich nach wie vor grosser Beliebtheit – ihre vielseitige Verwendbarkeit und ihr angenehmer Tragekomfort machen sie auch in der Männermode zu einem unverzichtbaren Rohstoff.

Die Baumwollpflanze gehört zur Gattung der Malvengewächse (Malvaceae), aus deren aufquellenden Samenkapseln die Faser gewonnen wird. Der Name «Baumwolle» ist leicht irreführend, weil die Malvengewächse keine Bäume, sondern einjährige Sträucher sind. Die von Hand oder mit Maschinen gepflückte Faser wird zu dünnen Fäden gesponnen, aus denen Gewebe hergestellt werden. Schon die alten Ägypter sollen um 12 000 v. Chr. mit diesem Rohstoff Garne und Textilien gewoben haben. Gesicherte Zeugnisse gibt es aus dem alten Babylon sowie aus mexikanischen Höhlen, wo mehr als 7000 Jahre alte Kleidung aus Baumwolle gefunden wurde. Heute werden weltweit pro Jahr an die 30 Millionen Tonnen Baumwolle produziert. Die grössten Baumwollproduzenten sind China, die USA und Indien. Für den Handel werden die Baumwollfasern neben ihrem Herkunftsort auch nach Feinheit, Reinheit, Glanz und Faserlänge deklariert.

Je länger eine Baumwollfaser ist, umso hochwertiger wird sie taxiert. Standard sind etwa 20–25 Millimeter (z.B. die Upland-Baumwolle aus den USA), mit bis zu 30 Millimetern ist die handgepflückte Pima-Baumwolle aus Peru etwas länger. Die teuersten Fasern haben eine Länge von bis zu 40 Millimetern und werden als Premium- oder Sea-Island Cotton aus den USA angeboten.

Baumwollgewebe sind extrem saugfähig, angenehm zu tragen und weitgehend allergieverträglich, trocknen aber im Vergleich zu Wolle deutlich langsamer.

Aufgrund ihrer relativen Belastbarkeit, Atmungsaktivität und Pflegeleichtigkeit wird Baumwolle nicht nur für Hemden und Wäsche, sondern gerne auch für Hosen eingesetzt, gerade im Bereich der Freizeitgarderobe.

Vom Strauch zum Garn

Baumwolle wird als einjähriger Strauch in tropischen und subtropischen Ländern angebaut.

Durch genetische Manipulation erzeugen Zuchtpflanzen neuerdings deutlich mehr Fasern als Wildpflanzen. Nach der Blütezeit verwandelt sich der im Kelch sitzende Fruchtknoten zur Kapsel, die sich öffnet und die Samenhaare (Baumwollfasern) freigibt. Geerntet wird die Baumwolle von Hand oder mit Pflückmaschinen. Zuerst lässt man die Samen mit den Fasern nachreifen und trocknen, bevor sie von den Körnern getrennt und die Fasern zu ca. 200 Kilo schweren Ballen gepresst und in alle Welt verschifft werden. In Spinnereien werden die Fasern dann zu Garnen verarbeitet. Im Verlaufe der Aufarbeitung gehen rund 10 Prozent des Rohgewichtes verloren.

Nach dem Aufplatzen der Samenkapseln (ganz links) werden die Baumwollsträucher maschinell geerntet (Bild Mitte). Aus den so gewonnenen Fasern werden in den Spinnereien erst relativ grobe, dann immer feinere Garnstränge gesponnen (Bild links).

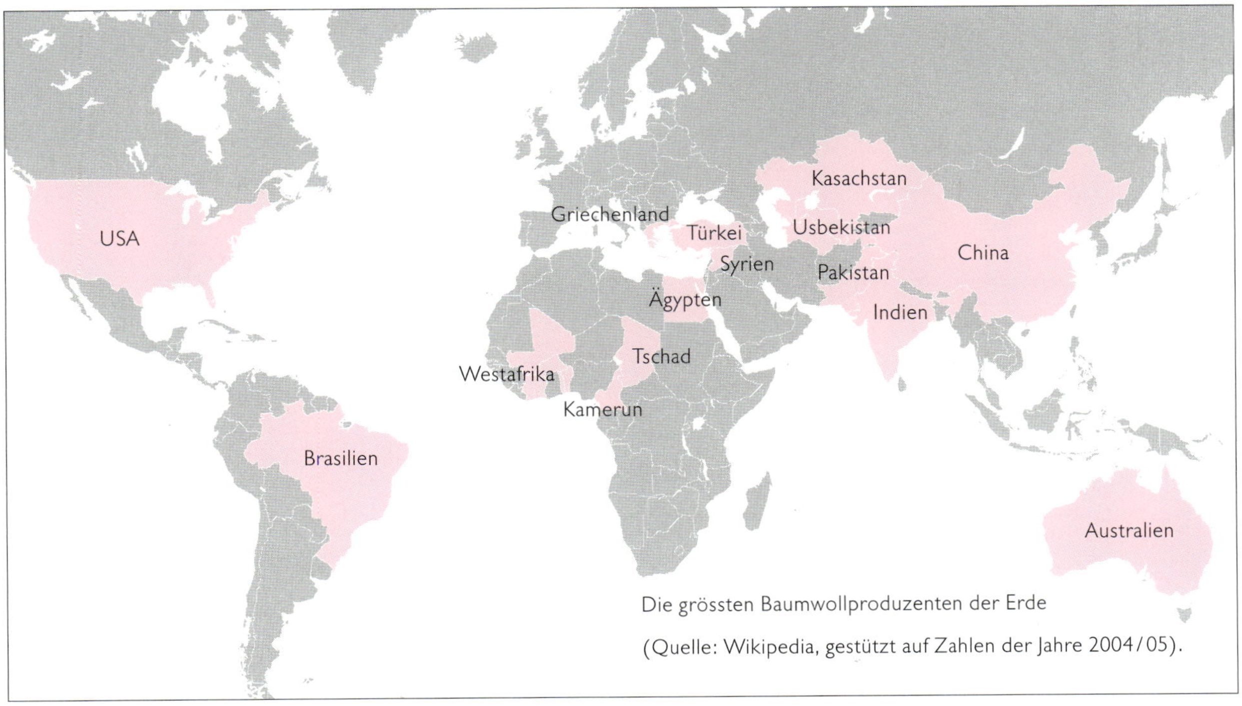

Die grössten Baumwollproduzenten der Erde (Quelle: Wikipedia, gestützt auf Zahlen der Jahre 2004/05).

DIE KRAWATTE

Krawatten sind, entgegen populärer Auffassung, keine langweiligen «Business-Bändel» zur Gängelung und Gleichschaltung berufstätiger Männer, sondern von alters her ein sehr persönliches und höchst kreatives Element der männlichen Garderobe. Krawatten «kleiden» das Dreieck zwischen Hemdkragen und Revers und sollten bewusst ausgesucht werden.

Material

Qualitätskrawatten sind aus Seide gefertigt – Ende der Durchsage. Zwar gibt es saisonal auch Platz für Krawatten aus Wolle oder Cashmere sowie im Sommer für Strickkrawatten aus Baumwolle, doch die grosse Mehrheit der Schlipse sollte aus bester, reiner Seide sein. Kunstfasern sind ein sicheres Zeichen für billige Machart einer Krawatte und damit für schlechten Geschmack. Lederkrawatten sind nur für 80's-Partys akzeptiert.

Schnitt

Der Seidenstoff wird im schrägen Fadenlauf zugeschnitten, damit die Krawatte die nötige Elastizität und Weichheit bekommt. Jede ordentlich gefertigte Krawatte besteht aus drei Teilen – einem breiteren Vorderteil, einem Mittelteil und einem schmalen Rückteil, auf dem das Muster um 180 Grad gewendet wird. Die meisten Krawatten werden in standardisierter Länge gefertigt. Klein gewachsene oder besonders grosse Männer sollten daher die Anschaffung von auf Mass gefertigten Krawatten erwägen.

Verarbeitung

Nach alter Schule werden nur die beiden Nähte mit der Maschine genäht, welche die drei Teile zusammenfügen. Die lange Mittelnaht soll, damit sie elastisch ist, von Hand genäht werden – nicht immer ist eine nach Handarbeit aussehende Naht aber auch eine solche, weil es heute Maschinen gibt, welche die unregelmässigen Stiche sehr genau nachahmen. Die baumwollene «Füllung» der Krawatte liegt an den beiden Enden in «Taschen» aus kontrastierendem Stoff oder, bei italienischen Krawatten, auch in solchen aus derselben Seide. Nur die so genannten Seven-Fold Ties werden ohne diese Füllung gefaltet. Eine Schlaufe auf der Rückseite des Krawatten-Vorderteils hält beim fertig gebundenen Schlips das Rückteil fest.

Muster

Zu den klassischen Krawatten-Dessinierungen gehören die diagonalen, von links unten nach rechts oben verlaufenden Clubstreifen, kleine Webmuster, Tupfen oder auch Paisleys. Bunte, aufgedruckte oder gar humoristische Motive sind in der Regel keine gute Wahl – es sei denn, die Krawatte ist von Hermès oder Charvet aus Paris, die sich solche Frivolitäten traditionsgemäss erlauben dürfen.

Clubstreifen

Früher trugen die Studenten englischer, später auch amerikanischer Elite-Universitäten ihre eigenen Streifen, die sie als Mitglieder eines bestimmten Sportklubs auszeichneten und die niemand anders tragen durfte – aus dieser Tradition leitet sich der heute überaus populäre Clubstreifen ab. Heute lebt diese Tradition teilweise in den Firmenkrawatten auf, die ganz bestimmte Farbkombinationen verwenden und damit als Teil einer Corporate Identity funktionieren.

Krawattennadel

Wer seine Krawatte mit einer Schmucknadel am Hemd befestigt, der tue dies so, dass die Nadel gerade sitzt und auf einer solchen Höhe, dass sie bei geschlossenem Veston nicht zu sehen ist.

Der klassische Four-in-Hand

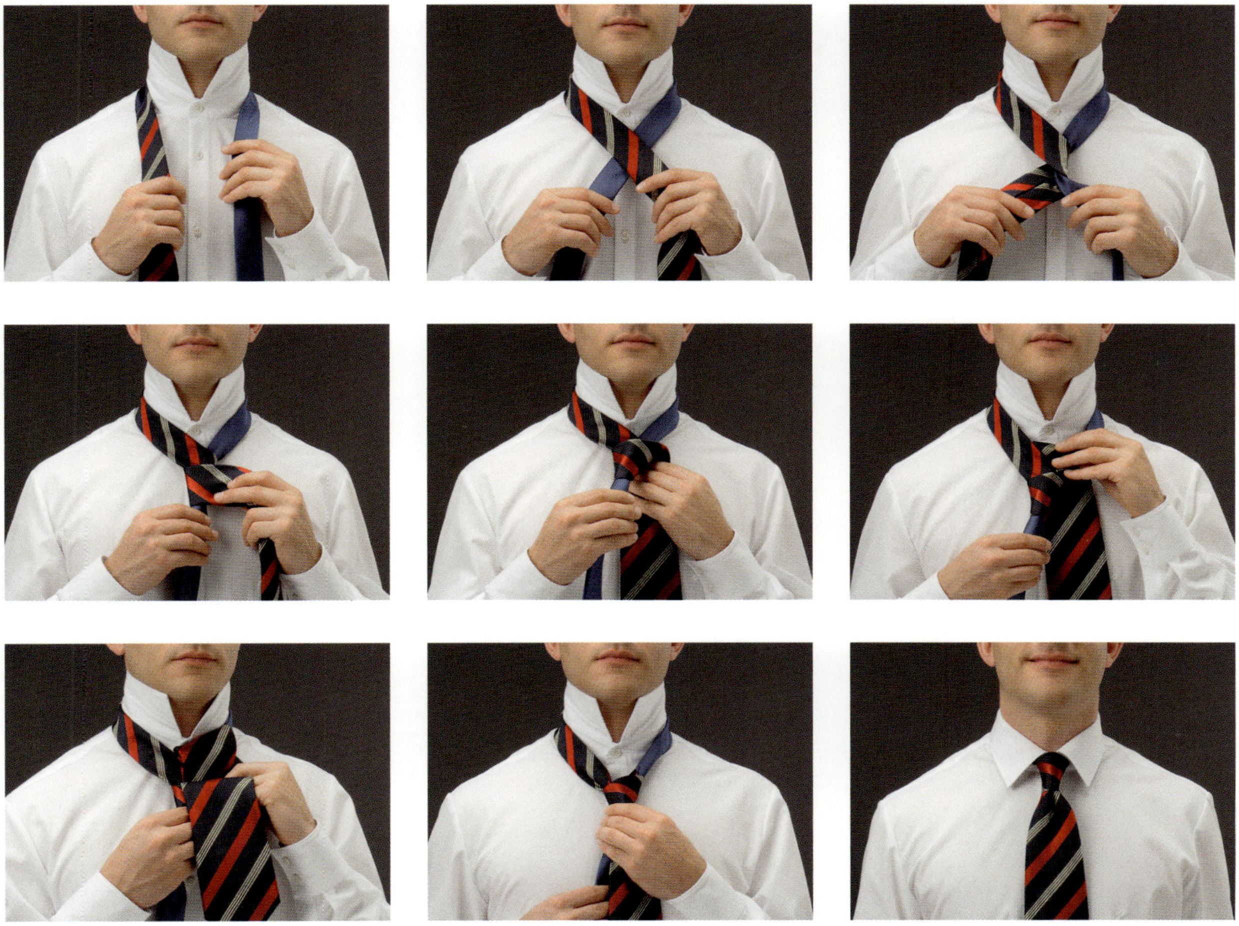

1. Die offene Krawatte wird um den hochgeklappten Kragen gelegt und im Verhältnis von etwa 2/3 vordere und 1/3 hintere Länge festgehalten.
2. Das breitere Teil wird über das schmalere gelegt und einmal darum geschlungen.
3. Nun wird das breite Teil wieder nach vorne gezogen, wobei die Vorderseite der Krawatte stets oben liegt, und von hinten her unter der noch losen Schlaufe in Richtung des Kinns nach oben geschoben.
4. Das lange Vorderteil wird zur Gänze nach oben gezogen und sogleich wieder nach unten in das nun entstehende Knotendreieck geschlauft.
5. Durch vorsichtiges Festziehen des breiten Vorderteils und gleichzeitiges Justieren des schmaleren Hinterteils bildet sich der Knoten.

Ein kleines Fältchen in der Krawattenmitte ist das Erkennungszeichen eines geübten Knotenbinders. Perfekte Symmetrie ist beim Four-in-Hand übrigens technisch bedingt nicht möglich – und eine leichte Unregelmässigkeit des Knotens ist daher gewollt.

Der Duke of Windsor

Der Duke of Windsor, Edward VIII. (1894–1972), und die Duchess, Wallis Simpson (1895–1986), waren während des Zweiten Weltkriegs zuerst in Frankreich stationiert. Wegen Anschuldigungen über seine angebliche Sympathie für die deutschen Nationalsozialisten wurde der Duke dann aber flugs als Gouverneur auf die Bahamas abberufen. Edward VIII. und Wallis verbrachten den Rest ihres gemeinsamen Lebens auf ausgedehnten Reisen, während deren sie zu gefeierten Berühmtheiten und Stilvorbildern der Nachkriegszeit wurden.

Spricht man vom Duke of Windsor, so meint man Edward VIII., jenen englischen König, der wegen seiner nicht standesgemässen Liebe zur geschiedenen Amerikanerin Wallis Warfield Simpson auf den Thron verzichtete. Am 11. Dezember 1936 dankte Edward ab. Der Titel «Duke of Windsor» wurde 1937 für ihn geschaffen, damit er trotz dieser monarchischen Regelwidrigkeit einen ordentlichen Titel tragen konnte. Seine Frau wurde zur Duchess of Windsor.

Während der dreissig Jahre, in denen die beiden als Privatleute die Welt bereisten, wurden der Duke und die Duchess of Windsor zu wichtigen Modevorbildern ihrer Zeit. Der Duke, der zeitlebens ein Flair für aussergewöhnliche (massgefertigte) Kleidung hatte, reformierte das Männerbild des 20. Jahrhunderts mit seinem extravertierten Stil nachhaltig. In seinen Memoiren «A Family Album» (1960) berichtet der Duke of Windsor von seiner Motivation: «Mein ganzes Leben lang habe ich gegen die Beschränkungen gekämpft, welche die Welt rigider sozialer Konventionen meiner Familie mit sich brachte. Es war mein dringlichster Wunsch, meinen Mantel und meine Krawatte auszuziehen, meinen Kragen zu lockern und die Ärmel hochzurollen, wann immer ich alleine war – einerseits, um mehr Komfort zu haben, aber auch als Geste der Freiheit.»

In der Öffentlichkeit trug der Duke trotz dieses feurigen Plädoyers oft Krawatten, nicht selten mit auffälligen Knoten gebunden. Es scheint also naheliegend, dass auch der «Windsor»-Krawattenknoten auf sein Konto geht – was aber so nicht korrekt ist. Denn der Windsor-Tie war schon vor dem Duke of Windsor bekannt und bekam diesen Namen vom Grossvater des Duke, Edward VII.

Der Windsor-Knoten, in Varianten auch der Half- und Full-Windsor, hat deutlich mehr Volumen und ist symmetrischer als der einfache Four-in-Hand.

Der einfache Windsor

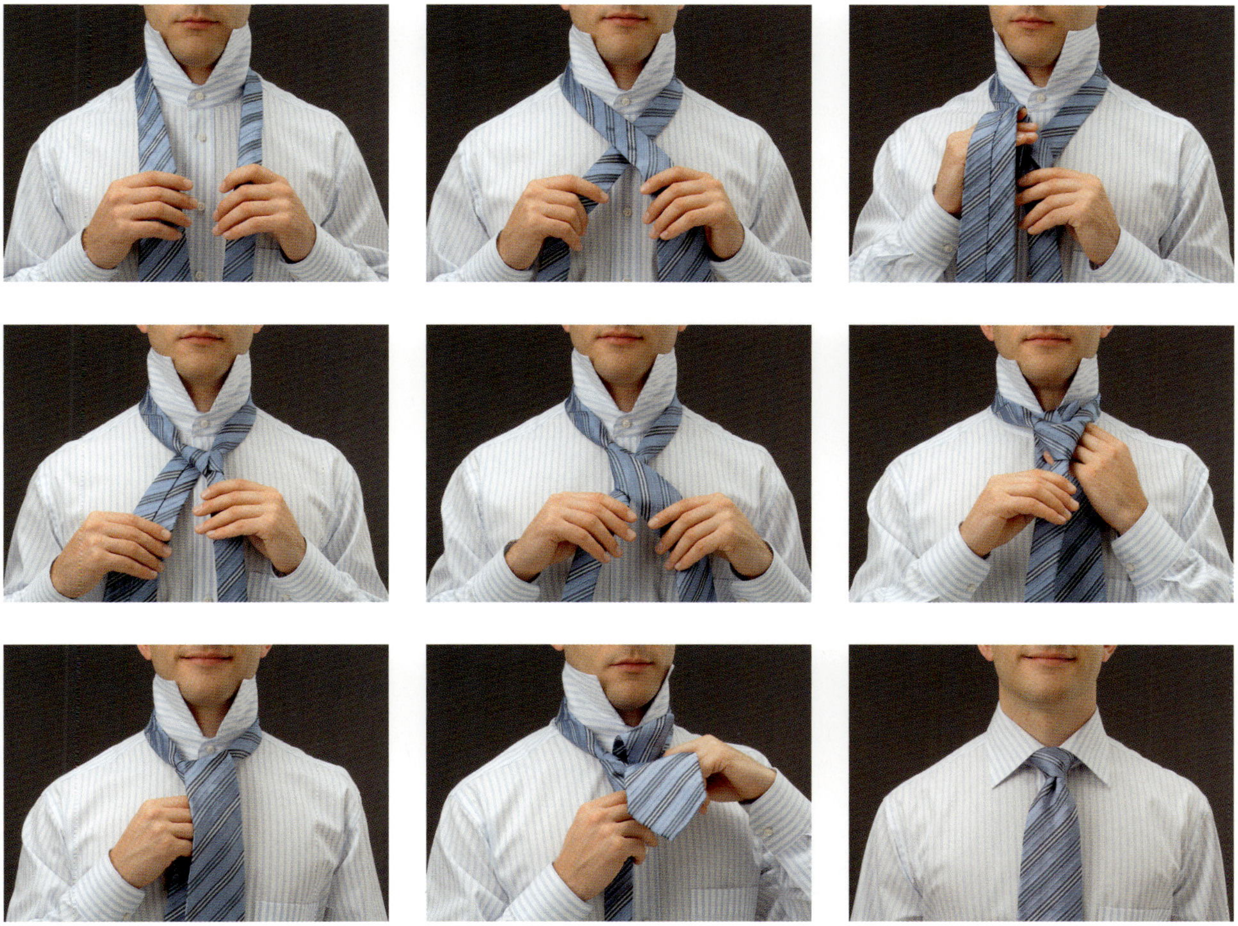

1. Die offene Krawatte wird um den hochgeklappten Hemdkragen gelegt, wobei das vordere, breitere Teil bei diesem Knoten deutlich mehr Länge haben soll.
2. Das Vorderteil wird über das schmalere Teil gelegt und ein erstes Mal darum geschlungen.
3. Das vierte Foto auf dieser Seite zeigt den Unterschied zwischen dem einfachen Four-in-Hand (Seite 83) und dem Windsor: Das Vorderteil muss, bevor es wieder nach vorne gezogen wird, ein zusätzliches Mal um die Halsschlaufe gelegt werden, bevor die Krawatte über den Knoten geführt und unter der Schlaufe in Richtung Kinn geschoben wird.
4. Das lange Vorderteil wird nun nach oben gezogen und wieder nach unten in das deutlich voluminösere und gleichmässig geformte Knotendreieck geschlauft.
5. Nun wird der Knoten behutsam festgezogen und justiert.

Der einfache Windsor ist der geeignete Knoten, um den weiter gespreizten Haifischkragen ausreichend auszufüllen. Fans besonders grosser Knoten probieren auch den doppelten Windsor, bei dem die Krawatte ein weiteres Mal geknotet wird.

Diagonale Clubstreifen sind für ein tadelloses Business-Outfit immer eine sichere Wahl. Zu einem unifarbenen Hemd ist jede Art von Streifen passend, zu einem fein gestreiften Hemd ist allerdings immer ein in seiner Breite deutlich abweichendes Motiv geeigneter.
Die korrekt gebundene Krawatte berührt mit ihrer Spitze die Gürtelschliesse. Kürzer gebundene Krawatten bringen einen in Verlegenheit, weil das schmale Ende dann zu lang wird und versteckt werden muss – länger gebundene Krawatten, die auf dem Hosenladen enden, sehen ganz einfach unvorteilhaft aus. Die Krawatte sollte auch nie in den Hosenbund gesteckt werden.

Wer zur Krawatte ein Einstecktuch wählt, sollte darauf achten, dass es nicht exakt denselben Farbton oder das gleiche Muster hat, sondern einen Spannungsbogen zu ihr bildet. Zu einer gemusterten Krawatte empfiehlt sich ein unifarbenes «Pochettli», zu einer unifarbenen Krawatte passt ein gemustertes Tuch gut. Ein weisses Leinen-Einstecktuch sollte man besser ordentlich falten, bunte Seidentücher können auch etwas frivoler und freier in der Brusttasche arrangiert werden.

Don't: Krawatten niemals waschen oder heiss dampfbügeln – sie verlieren dadurch ihre ganze Weichheit und Elastizität. Krawatten mit Comicfiguren, springenden Tieren, Fotosujets oder auch selbst gemalte Schlipse sind nicht originell, sondern peinlich.

Clark Gable (1901–1960), einer der attraktivsten und seinerzeit bestbezahlten Schauspieler Hollywoods, in einer Aufnahme aus dem Frühling 1946.

Die selbst gebundene Schleife

Wenn schon, denn schon – Männer, die sich entscheiden, eine Fliege zu tragen, sollten auch den Nerv haben, sie selbst zu binden. Denn fertig gebundene Fliegen sind spiessig. Fliegen passen zu konventionellen Umlege- wie auch zu feierlichen Kläppchen-Kragen. Am einfachsten lernt man das Binden einer Fliege, wenn man es die ersten paar Male auf dem Oberschenkel versucht: Schlagen Sie Ihre Beine übereinander und knoten Sie die Schleife so, als würden Sie Ihre Schuhbändel knoten.

Eine Abendschleife ist immer aus schwarzem Satin – bunte Fliegen sind zur Abendgarderobe mit Smoking (Black Tie) total unangebracht. Tagesfliegen können dagegen mit etwas Farbe eine überraschende Abwechslung in den Alltag bringen. Zum Frack (White Tie) trägt man eine weisse, selbst gebundene Fliege aus Baumwoll-Pikee – immer in Kombination mit einem Vatermörder- oder Kläppchen-Kragen. Dazu gehört ausserdem eine weisse Weste aus Baumwoll-Pikee. Wie beim Krawattenknoten ist bei der selbst gebundenen Fliege eine gewisse Asymmetrie gewollt – schliesslich soll man an der leichten Unperfektheit der Schleife sehen, dass sie nicht fertig geknotet gekauft wurde. Eine Fliege sollte nie breiter sein als die Aussenkontur des Gesichts des Mannes, der sie trägt.

Sir Winston Churchill (1874–1965) trug gerne Fliegen – natürlich selbst gebundene.

Das Halstuch

Foulards für die Damen, Halstücher für den Herrn! Denn auch Männer können mit etwas edel knitterndem Leinen oder bunter Seide einen dandyhaften Akzent in ein klassisches Outfit bringen.

Links: Die klassische Ascot-Schleife aus leicht gummierter und deshalb rutschfester Seide, auch Krawattenschal oder Plastron genannt, verleiht ihrem Träger eine nonkonformistische, romantische Note.
Mitte: Ein sommerliches Leinen-Halstuch in Crinkle-Optik.
Oben: Das im offenen Hemdkragen getragene Halstuch gibt dem persönlichen Styling mediterranes und intellektuelles Flair.

Der Basler Dirigent, Kunstförderer und Mäzen Paul Sacher (1906–1999) konnte sich nicht nur für klassische Musik-Kompositionen begeistern, sondern auch für ein gewisses weltmännisches Flair in seiner Garderobe. Perfekt am Abend: der weisse Seidenschal.

Seide ist eine der schönsten, luxuriösesten und teuersten, aber auch schwierigsten Fasern der Welt. Seide wird aus den Kokons der Seidenraupe, den Puppen des Seidenspinners, gewonnen. Ihr Ursprung liegt in China – über die so genannte Seidenstrasse kam das wertvolle Kulturgut als Handelsware auch nach Europa.

Die ersten bekannten Zeugnisse über die Nutzung von Seidenfasern für Bekleidung gehen auf das 3. Jahrtausend v. Chr. zurück – einer populären Sage gemäss soll es der damals regierende Kaiser Fu Xi gewesen sein, der die Nutzung der Seide für Gewänder initiierte. Weitere, ähnliche Legenden nennen auch Kaiser Shennong (auch «Gott des Ackerbaus» genannt) oder den «gelben Kaiser» Huang Di, der dem chinesischen Volk die Nutzung von Seidenfäden gezeigt hat. Weitere Quellen sprechen die «Erfindung» der Seide Huang-Dis Frau Xiling zu.

Die Herstellung von Seide blieb lange eine durch Androhung von drakonischen Strafen geschützte Geheimwissenschaft der Chinesen. Erst um das Jahr 555 soll es zwei byzantinischen Mönchen gelungen sein, einige Eier der Seidenraupe ausser Landes zu schaffen – ein früher Fall von Industriespionage. Angeblich sollen noch heute sämtliche Seidenspinnerraupen in Europa von diesen wenigen Eiern abstammen. Dennoch blieb Seide bis ins 13. Jahrhundert ein höchst exklusives und seltenes Importprodukt, das sich nur gekrönte Häupter oder sehr wohlhabende Menschen leisten konnten. Heute sind Indien, China, Japan, Brasilien und Thailand die weltgrössten Seide produzierenden Länder – wobei der Begriff «gross» relativ verstanden werden muss: Der Anteil der Seide an der gesamten textilen Faserproduktion beträgt nicht einmal ein Prozent.

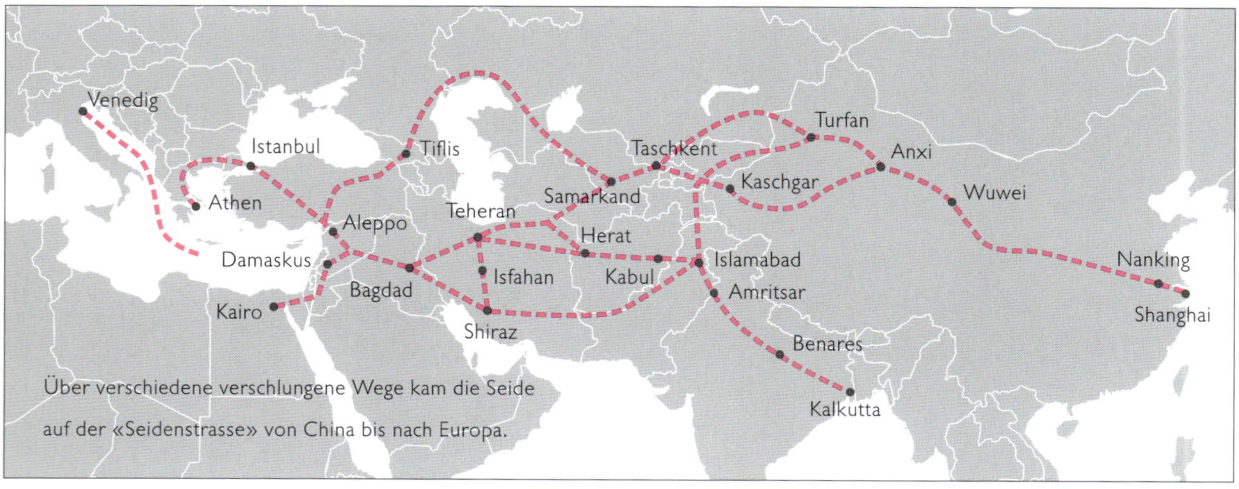

Über verschiedene verschlungene Wege kam die Seide auf der «Seidenstrasse» von China bis nach Europa.

Punkto Herstellung wird zwischen Maulbeerseide und Wildseide unterschieden: Die feine Maulbeerseide wird von Zuchtraupen gewonnen – die Tiere ernähren sich von den Blättern des Maulbeerbaums und werden, sobald sie einen Kokon aus Seidenfäden gesponnen haben und bereit zur Verpuppung sind, durch Eintauchen des Kokons in kochendes Wasser oder mit Hilfe von heissem Wasserdampf getötet. Für Wildseide werden die Kokons bereits geschlüpfter Seidenspinnerschmetterlinge verwendet.

In beiden Fällen wird der aus einer Eiweiss-Substanz bestehende, hauchfeine Seidenfaden vom Kokon abgewickelt – im Fall von Wildseide sind die Fäden aber deutlich kürzer als bei gezüchteten Raupen, weil der geschlüpfte Schmetterling ein Loch im Kokon hinterlässt.

Zu den bekanntesten Seidenarten gehören Bourette-, Dupion-, Haspel-, Schappe- oder Tussah-Seide. Der Seidenfaden zeichnet sich durch seinen unverwechselbaren Glanz und seine erstaunliche Festigkeit aus. Seide isoliert gut gegen Kälte und Wärme und vermag bis zu einem Drittel ihres Gewichtes an Wasser einzulagern. Durch ihre geringe Materialdichte ist sie zudem ausgesprochen leicht. Seide eignet sich ausserdem hervorragend zum Bedrucken, weil die Naturfaser Farbstoffe sehr gut aufnimmt und sie mit ihrem Glanz voll zur Geltung bringt.

Die Pflege von Seidenprodukten

Seide ist ein herrliches Gewebe – allerdings ist die Faser auch hochgradig empfindlich gegenüber hohen Temperaturen, Abrieb, Schmutz und Wasserflecken. Deshalb sollen Seidenstoffe am besten nur von Hand gewaschen oder chemisch gereinigt werden. Am besten verwendet man eine milde Seife oder ein spezielles Seidenshampoo und weicht die Seide wenige Minuten in lauwarmem Wasser ein. Vorsicht ist geboten: Seide reisst im nassen Zustand leichter.

Gebügelt wird Seide immer auf der Rückseite, am besten noch leicht feucht und bei mässiger Temperatur. Für eine Tumblertrocknung sind Seidenprodukte nicht geeignet. Seide sollte ausserdem nie mit Parfum oder Deodorant besprüht werden, da diese chemischen Substanzen unwiderruflich Flecken hinterlassen.

Auch darf man Seidenartikel nicht in der Sonne trocknen, da die Faser rasch ausbleicht.

Aus Seide werden in der Männermode vor allem Krawatten gefertigt. Allerdings ist Seide, gerade in Mischungen mit Baumwolle, auch für Hemden oder Nachtwäsche bestens geeignet.

DER MANTEL

Ein Mantel ist mehr als ein notwendiger Überwurf, um sich und seine Kleidung vor Wind und Wetter zu schützen – er ist wie der Anzug ein Zeichen von Persönlichkeit, Status, Geschmack und Selbstverständnis. Männer mit Format werfen also nicht einfach eine alberne Sportjacke über ihr bestes Outfit, sondern einen Mantel, der diesen Namen auch verdient.

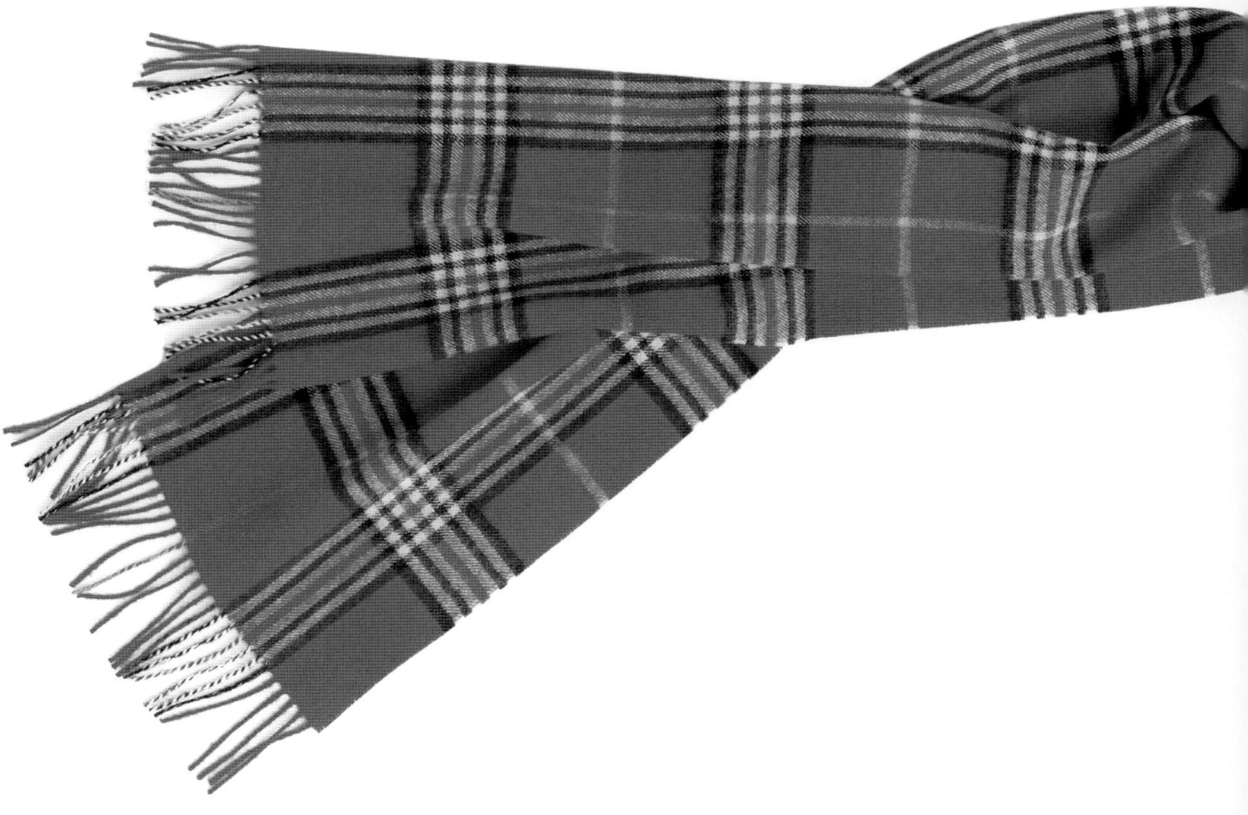

Material

Nach klassischem Verständnis sind Mäntel aus dickem Wolltuch oder aus Cashmere gefertigt – die traditionellen Typen wie z.B. der Chesterfield, der Ulster, der zweireihige Paletot oder auch der sportive Duffle Coat sind aus währschafter Wolle oder auch Loden gefertigt, was wärmt und bis zu einem gewissen Grad auch vor Feuchtigkeit schützt. Beliebt sind auch der Trenchcoat oder Slip-on-Regenmantel aus beschichteter Baumwoll-Gabardine oder der gummierte Mackintosh. Moderne Mäntel sind teilweise aus leichten, technischen Synthetik-Geweben gefertigt, um maximalen Witterungsschutz mit guter Wärmeisolation zu kombinieren. Herausnehmbare Innenfutter machen aus einem dicken Wintermantel im Handumdrehen einen praktischen All-Season-Mantel.

Schnitt

Die Zeit der bodenlangen, ausladenden Mäntel ist vorbei – heute trägt man den Mantel wieder kurz, figurbetont und leicht tailliert. Favoriten sind derzeit die schmalen und einreihigen, dem englischen Chesterfield oder Covert Coat nachempfundenen City-Mäntel in dunklen Farbtönen – früher nannte man diese kurzen Modelle auch «Stutzer». Eingesetzte Klappentaschen wirken eleganter als aufgesteppte Beuteltaschen.
Die verdeckte Knopfleiste verleiht dem Mantel ebenso eine aufgeräumte und seriöse Optik wie das kurze Revers. Eingesetzte Ärmel mit klassischer Armkugel wirken weniger sportiv als die weiteren Raglanärmel.

Details

Schulterklappen, Frontblende und Sattelkoller im Rücken sind im Grunde nicht mehr zwingend notwendige, aber überlieferte Elemente sportlicher Mäntel wie z.B. des Trenchcoats. Zeitgemässe Mäntel punkten dagegen mit praktischen Extras wie abnehmbaren Pelzverbrämungen am Kragen, austrennbaren Innenfütterungen, extra langen Taschen für Flugtickets sowie mit Reissverschlüssen gesicherten «Geheimfächern» und Aussentaschen. Ein Gürtel hilft, die Silhouette weniger kastenförmig erscheinen zu lassen.

Der Farbtupfer dazu

Ein Mantel ohne Schal ist wie ein Stück Brot ohne Butter – nicht schlecht, aber unfertig. Kenner kombinieren zum Mantel deshalb immer einen weichen Schal aus Wolle oder Cashmere, der dem dunklen Outfit etwas Pep gibt. Modische Evergreens sind Schals mit grossformatigen Karos oder mehrfarbigen Streifenmustern.

Vier Mäntel, die man kennen muss

Der figurbetonte, zweireihige **Wollmantel** mit Spitzrevers, auch Blazermantel oder Paletot genannt, gehört zum formvollendeten Ausdruck eines Gentleman und muss zwingend zu Anzug und Krawatte getragen werden. Elegant sind dunkle Fischgratmuster, etwas sportlicher der gerippte Cavalry Twill.

Der wichtigste und vielseitigste Mantel im Kleiderschrank des Mannes ist der kurze, einreihige **City-Mantel** mit fallendem Revers und verdeckter Knopfleiste. Dieser gerade geschnittene, aus unifarbener Wolle oder Cashmere gefertigte Mantel wird in der Regel nicht gegürtet und hat passepoilierte Klappentaschen.

Thomas Burberry

Wer Trenchcoat sagt, meint Burberry – und vice versa. Die Geschichte der britischen Luxusmarke Burberry ist untrennbar mit der Erfindung des «Schützengraben-Mantels» verbunden, den die britischen Soldaten im Ersten Weltkrieg trugen und der sie vor der Unbill des Wetters an der Front schützte. Der Mantel war aus hochgradig belastbarer, regenfester und dennoch atmungsaktiver Gabardine gefertigt – ein Novum, das sein Erfinder Thomas Burberry (1835–1926) wohlweislich patentieren liess.

Der Trenchcoat war ungemein praktisch – einer der Gründe, warum er den Krieg «überlebte» und auch im zivilen Leben gerne weiter getragen wurde. 1924 stattete Thomas Burberry den Trenchcoat erstmals mit dem typischen, dreifarbig karierten Futter namens «Novacheck» aus, das im Laufe der Jahrzehnte zum Markenzeichen der ganzen Firma und damit zu einer der Design-Ikonen des 20. Jahrhunderts werden sollte. Zu zivilem Weltruhm gelangte der Trench, als Peter Sellers ihn in den Pink-Panther-Filmen trug oder Humphrey Bogart ihn in «Casablanca» wehen liess.

Nach dem Tod des Firmengründers blieb Burberry's of London bis Mitte der Fünfzigerjahre eine unabhängige Firma, bevor sie im Unternehmensverbund Great Universal Stores (GUS) aufging. In den Siebzigerjahren setzte das Unternehmen kräftig Staub an, der 1997 von der Managerin Rose Marie Bravo weggepustet wurde, welche die Traditionsmarke rundum modernisierte. Heute ist Burberry wieder ein unabhängiges und international tätiges Luxusunternehmen, dessen Kollektionen vom jungen Briten Christopher Bailey entworfen werden.

1856 eröffnete der damals erst 21-jährige Schneiderlehrling Thomas Burberry sein eigenes Geschäft in Basingstoke/Hampshire – er spezialisierte sich auf Outdoor-Bekleidung. 1880 erfand er die Gabardine und liess das wasserfeste Gewebe 1888 patentieren. Drei Jahre später zog er an den Haymarket nach London, wo die Marke Burberry heute noch eines ihrer Hauptquartiere besitzt. 1914 bekam Burberry vom britischen Verteidigungsministerium den Auftrag, einen speziellen Militärmantel zu entwickeln – den «Trench Coat».

Der wasserabweisende **Trenchcoat,** von Thomas Burberry Mitte des 19. Jahrhunderts fürs britische Militär entwickelt, hat seinen Namen in den Schützengräben des Ersten Weltkriegs bekommen und gilt als zeitloser Klassiker.

Ein gewachster oder beschichteter Mantel aus Baumwolle oder technischen Synthetics ist ein guter Begleiter für Männer, die oft unterwegs sind und sich über ein kleines Packmass ihres Mantels freuen. Mit austrennbarem Innenfutter dient dieser **Allrounder** das ganze Jahr hindurch als Schutz gegen Wind und Regen.

Cashmere ist das Material der Könige, weil extrem rar und so weich wie kaum eine andere tierische Faser. Die Gewinnung und Verarbeitung der seltenen Ziegenhaare gehört zu den anspruchsvollsten Aufgaben der Textilindustrie – entsprechend teuer sind Produkte aus der feinen Wolle.

Die Kaschmirziege hat ihren Namen von der gleichnamigen Region, einem ehemaligen Fürstenstaat im Himalaja, der heute von Indien und Pakistan beansprucht wird. Die Tiere grasen heute auch in den Gebirgen von Nepal, Tibet, China, der Mongolei, Kurdistan, Afghanistan, des Irans, der Türkei, Australiens und Neuseelands. Nur die Kaschmirziege produziert das seltene, besonders weiche Flaumhaar, das unter dem relativ groben, vor Wind und Wetter schützenden Oberfell liegt.

Diese Unterwolle wird periodisch zum Ende des Winters ausgekämmt – nicht geschoren! – und von den gröberen Ziegenhaaren getrennt. Pro Tier fallen nur etwa 150 Gramm Wolle an. Die Farben der natürlichen Kaschmirwolle reichen von Weiss über Grau bis zu einem dunklen Braun. Weil Cashmere so selten und kostbar ist, wird er oft mit Merino-, Lamm- oder Angorawolle gemischt – eine saubere Deklaration der Zusammensetzung ist aber leider nicht erhältlich. Als Indikator für die Qualität des Cashmere muss deshalb oft der Preis eines Produktes dienen: Je länger, feiner und weisser die Cashmere-Faser ist und je kleiner der Anteil an dem vergleichsweise groben, dunklen Oberhaar, umso teurer ist sie. Ein Kilogramm Cashmere bester Qualität kostet im Einkauf rund 300 Franken, ein Kilo

Wenn Cashmere die Faser der Könige ist, dann muss die Kaschmirziege (links) ein wahrhaft fürstliches Tier sein. Die feine Unterwolle (Bild Mitte oben) wird von Hand ausgekämmt oder gezupft.

minderer Qualität nur etwa 40 Franken. Aus Cashmere werden vor allem Stricksachen wie Pullover und Cardigans, aber auch Schals, Socken, Stoffe für Vestons und Mäntel oder auch feine Materialien für Krawatten gefertigt. Cashmere ist, entgegen populärer Vorstellung, durch seine temperaturausgleichende Eigenschaft nicht nur im Winter ein tolles Material, sondern kann, sehr fein verwoben, auch im Sommer gute Dienste tun.

Die Kaschmirziege

Die Kaschmirziege ist eine Unterart der bekannten Hausziege, die wiederum zur Gattung der Wollziegen zählt. In ihrem Ursprungsgebiet des Himalaja sowie der angrenzenden Regionen kommt die Ziege mit ihren charakteristischen Hängeohren und kurzen Hörnern in verschiedenen Farben von Weiss bis Schwarz vor. Im industrialisierten Prozess werden allerdings fast nur die weissen Tiere gezüchtet, weil sich deren Wolle am besten färben lässt.

Typisch für die Kaschmirziegen ist ihre lange, feine Unterwolle, welche deutlich feiner als die von Schafen

ist. Die gesuchte Unterwolle, die unter längerem Deckhaar versteckt liegt und das Tier vor Kälte schützt, wird von Hand ausgekämmt oder gezupft. Die weltweit grössten Bestände an Kaschmirziegen gibt es heute in China, Australien und Neuseeland. In Europa werden die Tiere auch in Schottland gehalten.

DIE SOCKEN

Ein Herr, der diesen Begriff für sich in Anspruch nehmen darf, trägt unter allen Umständen lange, also bis unters Knie reichende Socken, welche die Waden ganz bedecken. Kurze, also knöchelhohe Socken sind ein eindeutiger, schwerer Fauxpas, wenn es um korrekte Bekleidung geht.

Warum keine kurzen Socken?

Der Grund ist einfacher Natur: Es geht nicht an, dass ein Mann ein Stück seines nackten Beines zeigt, wenn er sich setzt. Zu Sport- oder auch sehr legerer Freizeitbekleidung mag die kurze Socke in Ordnung sein, aber nie zu einem Anzug. Die Italiener kennen den Begriff «Mezza Calza», also halbe Socke, für gewöhnliche oder ordinäre Frauen – und tatsächlich ist es uninspiriert, fantasie- und gedankenlos, kurze Socken zu einem ordentlichen Outfit zu tragen.

Die lange Socke bedeckt die Beine auch dann, wenn ein Mann sich hinsetzt und sie übereinanderschlägt. Auf die früher noch üblichen Sockenhalter unter dem Knie kann man heute zum Glück verzichten – moderne Fertigungstechniken sorgen dafür, dass die Socken elastisch genug sind, um auch nach mehrmaligem Waschen den ganzen Tag fest an ihrem Platz sitzen zu bleiben.

Farbe und Muster

Neben der Länge ist die Farbe der Socken von grosser Bedeutung – sie sollte immer eine optische Fortsetzung des Hosenbeines bilden und richtet sich demnach nicht nach der Kolorierung des Schuhs, sondern nach der des Hosenstoffs. Im Idealfall schlägt die Farbe der Socke eine Brücke zwischen Hose und Schuh.

Schwarze Socken sind eine sichere Wahl – im Sommer aus Seide oder leichter Baumwolle, im Winter aus festerer Baumwolle oder auch aus Wolle. Auch dunkelgraue, braune oder marineblaue Socken sind, sofern sie zur Hose passen, gut. Zu hellen Hosen mögen sogar cremefarbene Socken passen, nie aber weisse, die ganz eindeutig in die Sportbekleidung gehören.

Dandys und Menschen mit einer exzentrischen Ader versuchen sich an bunten Socken und reflektieren deren Farbe in der Wahl ihrer Krawatte oder des Einstecktuchs. Ein klassisches Motiv für Socken sind die Argyle- oder Schottenkaros, die den wadenlangen Socken der schottischen Tracht nachempfunden sind und unter einem Kilt sehr schön zur Geltung kommen. Neben Argyle-Karos oder Ringelstreifen sind auch Tupfenmuster denkbar, nie aber so genannt witzige Dessinierungen. Auf deutlich sichtbare Markenlogos sollte nach Möglichkeit ebenfalls verzichtet werden. Schwarze, anthrazitfarbene, graue, dunkelblaue und braune Socken gehören zur Basisausrüstung jeder Garderobe. Am besten unifarbene Modelle wählen, weil sie am unproblematischsten zu kombinieren sind. Vorsicht bei der Kombination breit gerippter Socken zu feinen Nadelstreifen – dieses Paar harmoniert nicht besonders gut zusammen –, besser eine glatte Oberfläche wählen. Zum feinen Smoking oder auch zum Frack gehören auf jeden Fall sehr feine Seidenstrümpfe.

Material und Verarbeitung

Socken werden heute maschinell gestrickt, wobei bis zu zwölf verschiedene Garne in einer Rundstrickmaschine zum Schlauch mit Ferse geformt werden. Damit sie an den Fersen weniger schnell durchscheuern, werden für diese Partien besonders belastbare Kunstfasern wie etwa Polyamid mit verarbeitet.

Auch kommen am Bund hochelastische Spezialgarne wie Lycra oder Elastan zum Einsatz, die dafür sorgen, dass die Socke bequem und sicher sitzt.

Die Zehennaht hochwertiger Socken wird von Hand geschlossen – man nennt dies auch «ketteln», weil dabei ein spezieller Kettelstich verwendet wird, der besonders wenig Nahtstellen ergibt und dadurch das Risiko von Druckstellen minimiert.

Don't: Kurze Socken gehören nur zur Sportgarderobe. Zu kurzen Hosen trägt man am besten gar keine Socken, mit Sandalen ohnehin nicht. Weisse Socken sind fast immer daneben – ausser vielleicht lange, weisse Seidenstrümpfe zu einem festlichen Sommeranzug aus weissem Leinen.

Ein Mann mit Stil wählt zu einem formellen, also gepflegten Outfit immer **lange, dunkle Socken,** die bis unters Knie reichen. Feine Rippenmuster strecken das Bein optisch und lenken den Blick weg vom Bein, hin zu den Schuhen.

Die Sache mit dem Loch in der Socke

Es dürfte Paul Wolfowitz, dem damaligen Chef der Weltbank, heiss und kalt geworden sein, als er bei einem Türkeibesuch Anfang 2007 eine Moschee besuchte, dort aber vor Betreten des Gotteshauses traditionsgemäss seine Schuhe ausziehen musste.

Wolfowitz trug total abgewetzte, löchrige Socken – an beiden Füssen! Die internationale Presse ergoss sich in hämischen Kommentaren über die Bilder dieses peinlichen Moments – der höchste Banker hat kein Geld für Socken, lautete der Tenor.
Wenn Sie also in solcher oder ähnlicher Situation etwas besser als Wolfowitz abschneiden wollen, sortieren Sie verwaschene, fadenscheinig gewordene oder gar defekte Socken ohne Sentimentalität aus und ersetzen sie in regelmässigen Abständen.

DIE SCHUHE

Gute Schuhe sind die wichtigste Visitenkarte des Mannes – der Legende nach schaut so manche Frau erst auf das Schuhwerk eines Mannes, bevor sie sich seine Augenfarbe merken kann oder die Dicke seines Geldbeutels erkundet. Wer glaubt, an den Füssen sparen zu müssen, begeht einen schlimmen Fehler, denn Schuhe sind das Fundament der Eleganz.

Von oben nach unten: Der robuste, rahmengenähte **Brogue** mit seinem Lochmuster und den Flügelkappen passt sowohl zum Anzug wie zu Jeans. Typisch für den eleganten, schlichten **Derby** sind seine beiden Flügel, auf denen der Schuh geschnürt wird, sowie seine relativ flache Sohle. Ein cognacfarbener **Oxford** mit Antikleder-Finish gehört zu den zeitlosesten Klassikern und verleiht einem Outfit automatisch eine gewisse «Italianità» – eine Patina von 20 Jahren ist höchst erstrebenswert!

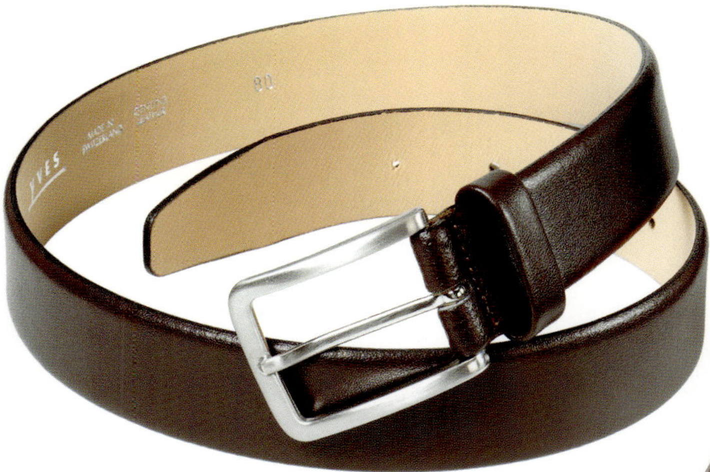

Ganz oben: Der studentische **Penny-Loafer** wurde ursprünglich aus einem Stück Leder genäht und passt, weil er nicht geschnürt ist, besser zu relaxter Freizeitgarderobe als zum Anzug. Mitte: Die Farbe und das Material des **Gürtels** sollten immer möglichst genau auf die Schuhe abgestimmt sein. Unten: Der knöchelhohe **Chelsea-Boot** ist ein jugendlicher, auch zum Anzug tragbarer Schuh. Die Naht auf der Kappe ist in diesem Fall rein dekorativer Art.

Vom Stiefel zum Halbschuh

Früher, als man noch zu Pferd unterwegs war, trugen Gentlemen Stiefel – Halbschuhe waren etwas für minder Bemittelte. Aus dieser Zeit dürfte auch der helvetische Schmähbegriff des «Halbschuhs» kommen, der einen intellektuellen Tiefflieger bezeichnet. Dennoch hat sich der knöchelhohe Schuh auf breiter Front durchgesetzt – es gibt ihn in Hunderten von Formen und Farben, aber nur wenige davon sind auch wirklich unentbehrlich. Investieren Sie mit Umsicht, aber grosszügig, denn es ist völlig unmöglich, in billigen Schuhen grossartig auszusehen!

Formen

Ein Mann muss, neben einem Paar Joggingschuhe und Gummistiefeln, mindestens folgende Schuhtypen besitzen: ein Paar Brogues mit dem typischen Lochmuster; einen eleganten Oxford mit der Quernaht auf der Kappe und einen schlichten Derby. Mit dieser Grundgarderobe kann man die meisten Situationen im Leben meistern, wenngleich ein Loafer schon fast unverzichtbar zur Freizeitbekleidung und ein Lackschuh zur Abendgarderobe gehört. Schön sind auch ein Paar dunkelbrauner Desert-Boots aus Wildleder, robuste Norwegians, glänzende Chelsea-Boots und ein Loafer oder Bootsschuh zu Jeans oder Shorts.

Materialien

Schuhe müssen Beachtliches leisten und harte Beanspruchungen wegstecken. Sie absorbieren im Laufe des Tages Schweiss, wehren von aussen kommende Feuchtigkeit ab, dehnen sich aus und schützen den Fuss vor allen Unebenheiten und Unwegsamkeiten des Alltags. Aus diesem Grund sind die allermeisten Schuhe aus gutem Leder gefertigt, weil kein anderes Material diesen Anforderungen so gut gerecht wird. Gegerbte Tierhaut ist elastisch und atmungsaktiv, hat die Fähigkeit zur Regeneration und altert in Würde. Kunststoffen und Textilien fehlen die meisten dieser Talente. Aus demselben Grund sollten nicht nur Oberleder und Innenfutter eines Schuhs, sondern auch seine Sohle aus Leder gefertigt sein. Gummisohlen sind vielleicht praktisch, aber unelegant und lassen den Fuss schlechter «atmen».

Farben

Schwarz, tiefes Dunkelbraun, Cognac und Camel, das sind die Farben, auf denen ein Mann durchs Leben geht – die Aufzählung ist abschliessend. Abends passen schwarze Schuhe immer besser, wenngleich der Leitsatz «No browns after six» auch in England nicht mehr knallhart eingehalten wird. Farbige Schuhe sind fürchterlich und affektiert, und ein cremefarbener oder weisser Schuh mag an Bord eines Ozeandampfers etwas Elegantes sein, zu einem Anzug in der Stadt passt er in den allerseltensten Fällen.

Pflege

Schuhe sollten nicht nur von bester Materialqualität und Machart sein, sondern auch entsprechend im Schuss gehalten werden. Einmal in der Woche gehört das Schuhwerk gereinigt, eingecremt und poliert, ausserdem sollte jeder Schuh periodisch vom Fachmann aufgefrischt werden, der sich um abgelaufene Absätze und stumpf gewordene Sohlenränder kümmert. Abgerissene Schuhbändel gehören sofort ersetzt.

Don't: Vollgummisohlen sind zwar praktisch, aber meistens hässlich, grob und unelegant. Wer die regelmässige Reinigung und Politur seiner Schuhe vernachlässigt, sieht nicht nur ungepflegt aus, sondern schadet auch seinen Schuhen, weil das Naturmaterial Leder eine gewisse «Nahrung» braucht.

Gut gepflegt

Zur Grundausrüstung eines Schuhschrankes gehören pro Paar Schuhe ein Paar hölzerne **Schuhspanner,** die das Leder glätten und Schweiss absorbieren, sowie ein Schuhputz-Set mit Bürsten, Cremes und Poliermittel. Schuhe, die austrocknen müssen, werden auf den hölzernen Leisten gespannt und **auf die Seite** gelegt, damit auch die Sohle trocknen kann. Wer reist, schützt seine Schuhe im **Stoffbeutel** vor Kratzern.

HUGO BOSS

DIE ACCESSOIRES

Männer bleiben ein Leben lang Jungs, die gerne spielen – gerne auch mit jenen kleinen Extras, welche die Garderobe komplettieren. Eine exklusive Uhr, ein schönes Schreibwerkzeug oder edle Manschettenknöpfe sind Schmuckstücke, Statussymbole und subtile Signale der Distinktion.

Gürtel geben einem Outfit Charakter und Persönlichkeit. Neben einem dunkelbraunen oder schwarzen **Business-Gürtel** gehören auch farblich abgestimmte und leicht strukturierte Gürtel sowie etwas markantere **Freizeitgürtel** (Mitte) zur Garderobe des Mannes. Zu den bekanntesten Herstellern von maskulinen **Schmuckgürteln** gehört der Amerikaner Barry Kieselstein-Cord (unten).

Grundsätzlich sollte man so wenig wie möglich auf sich tragen. Zu den notwendigen Accessoires des Mannes zählen neben dem Dreiklang aus **Brieftasche, Münzwerfer** und **Schlüsselbund** (untere Reihe) auch ein elegantes **Brillenetui** und für Herren, die viel geschäftlich unterwegs sind, ein grosszügiger **Travel Organizer** (rechts oben), in dem Flugtickets, Fremdwährungen, Kredit- und Kundenkarten Platz haben.

US-Schauspieler James Dean (1931–1955) war eines der ersten Jugendidole der Zeit nach dem Zweiten Weltkrieg. Er war stark kurzsichtig, weswegen er privat eine dicke Hornbrille trug.

Eine Brille verleiht so manchem Gesicht erst richtig Charakter – wer auf Sehhilfen angewiesen ist, nutzt also die Gunst des Schicksals und akzentuiert seinen Typ mit einem individuellen Rahmen. Feine, teilweise **rahmenlose Brillenfassungen** eignen sich für Männer, die eine unauffällige Note suchen. Die **markante Hornbrille** (Mitte) verleiht intellektuelles Flair, die **Pilotenbrille** (unten) suggeriert Abenteuergeist.

Der wichtigste Schmuck eines Mannes ist mit Sicherheit seine Armbanduhr: Sie gibt Aufschluss über seine Lebenswelt, seine ästhetischen Maximen und nicht selten auch über seine pekuniären Möglichkeiten. Diese vier Schweizer Klassiker sind jenseits aller Extravaganz immer eine gute Wahl: die **Omega Speedmaster** (oben links), die **IWC Portugieser Chrono** (oben rechts), die kantige **Reverso von Jaeger-LeCoultre** (unten links) und die innovative Sportuhr **T-Touch von Tissot** (unten rechts).

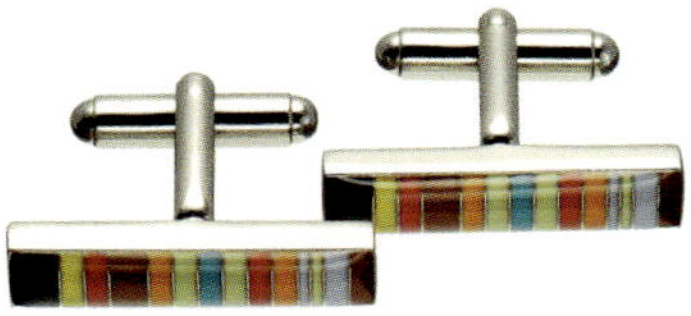

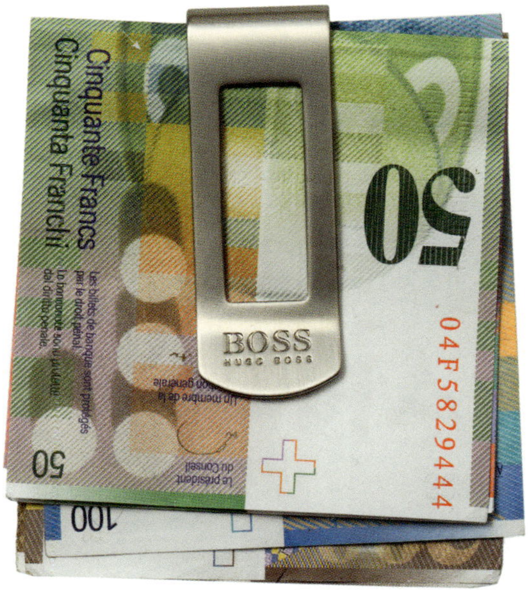

Do: Ein aus Leinen oder feiner Baumwolle gewobenes Stofftaschentuch mit handroulierten Kanten ist das Tüpfchen aufs i – kein noch so praktisches Vliestaschentuch hat so viel Stil. Man trägt es zusammengefaltet in der Hosentasche oder auch in der Brusttasche des Vestons.

Es gibt ein paar weitere fakultative Extras, die der Erscheinung des Mannes ungemein Schliff geben. Dazu gehören je nach Tageszeit einfache oder sehr elegante **Manschettenknöpfe** (oben links) – tagsüber reichen die schlichten Kordelknöpfe, abends sollte es auf die Uhr abgestimmtes Edelmetall sein. Ausserdem wichtig: ein sauberes **Taschentuch,** eine flache **Geldklammer,** in der das Papiergeld zusammengesteckt wird, und ein **Feuerzeug,** mit dem der Herr bei Bedarf Feuer geben kann.

Der deutsche Schriftsteller Thomas Mann (1875–1955) schätzte eine klassische Garderobe und zweireihige Anzüge. Das undatierte Bild aus den Fünfzigerjahren zeigt Thomas Mann (mit Aktentasche) und seine Frau Katia bei der Ankunft auf dem damals noch aus einer Holzbaracke bestehenden Flughafen Zürich-Kloten.

Im Sommer schützt ein leichter, aus Stroh geflochtener **Panama-Hut** gut vor Hitze und Sonne (oben). Der klassische **Filzhut** mit Ripsband im Borsalino-Stil (Mitte) schützt das Haupt, über das man sonst rund 40 Prozent seiner Körperwärme verliert. Wer den etwas sportlicheren Ausdruck sucht, wählt eine wollene **Schiebermütze** (unten). Den **Stockschirm** mit hölzernem Griff oder einen Knirps sollte man bei wechselhafter Witterung immer griffbereit haben.

Jüngere Semester, Besitzer von Laptops und Menschen in so genannt kreativen Berufen benutzen statt der klassischen Aktentasche auch gerne **Umhängetaschen** aus Nylon oder Leder – sie sind eindeutig weniger elegant, aber zugegebenermassen praktischer. Wer sich für ein solches Modell entscheidet, ist mit dunklen Farbtönen besser beraten als mit kunterbunten Modellen.

Kein Mann, der sich selber ernst nimmt, zeigt sich auf dem Weg zur Arbeit mit einem form- und stillosen Rucksack oder – schlimmer noch! – mit einer Plastiktasche, sondern stets mit einer hochwertigen, ledernen **Aktentasche.** Das Akten- oder **Diplomatenköfferchen** erfreut sich nicht nur bei Geldwäschern und Waffenschiebern noch immer grosser Beliebtheit.

HANRO

DIE UNTERWÄSCHE

Klar: Unterwäsche ist Privatsache und wird normalerweise mit dem Deckmäntelchen der Verschwiegenheit bedacht. Und im normalen beruflichen Umgang wird man seine Leibwäsche auch kaum je einer fremden Person zeigen. Dennoch kann es Situationen geben, in denen einem jemand an die Wäsche geht – seien das unverhoffte erotische Begegnungen ... oder auch der Sanitäter.

Schnitt

Gegenüber den Achtzigerjahren, als die weiten, aus Baumwolle gefertigten Boxershorts und kantigen T-Shirts auf dem Zenit ihrer Popularität standen, wird heute schmaler auf den Körper geschnittene Leibwäsche favorisiert. Sie passt besser unter die körperbetonten Anzüge und taillierten Hemden.
Bei den Oberteilen sind die klassische Form des tiefer ausgeschnittenen Unterleibchens (auch «Muscle Shirt») sowie ein ärmelloses, elastisches Tanktop stets empfehlenswert. Bei den Unterhosen geben, neben dem unverwüstlichen Slip, die «New Boxers» oder «Pants» mit kurzen Beinchen den Ton an. Exotischere Formen wie der String, der rückwärtig nur aus zwei Bändern bestehende Jock-Strap oder auch ein Body dürften für persönliche Spezialbedürfnisse reserviert sein und nicht als normale Tageswäsche durchgehen.

Material

Unterwäsche sollte ausschliesslich aus hochwertigen Naturfasern wie Baumwolle, Seide oder sehr feiner Wolle gefertigt sein. Von Artikeln mit grösserem Polyester- oder Stretch-Anteil ist abzuraten, da sie meist vermindert atmungsaktiv sind und schneller schlecht riechen. Für leichte, sommerliche Wäsche eignet sich Interlock mit flachem Maschenbild, von zeitlosem Charakter ist Feinripp-Maschenware oder auch der etwas rustikalere Doppelripp. Rund gestrickte Maschenware neigt zum seitlichen Verziehen – Kenner schwören deshalb auf den teureren, aber präziseren Flachstrick. Achten Sie immer darauf, dass die Wäsche problemlos waschbar, idealerweise sogar kochfest ist.

Farben

Schwarz, Grau und Weiss, das sollte für einen normalen Wäscheschrank absolut reichen – Feuerrote und kanariengelbe Unterhöschen sind nicht die Sache des Mannes. Weisse Wäsche ist von makelloser Schönheit, grauer Ripp gibt eine sportive Note, und schwarze Unterhosen eignen sich gut unter feinen Hosen, bei denen Weiss vielleicht durchschimmern könnte. Eine schwarze Unterhose sollte aber nie unter hellen Leinenhosen oder Jeans getragen werden! Druckmotive und prominente Markenlogos sind tunlichst zu vermeiden.

Das, was die meisten Menschen als «normale» Herrenunterhose verstehen, nämlich ein seitlich etwas breiter geschnittener Slip mit Y-Eingriff auf der Front, ist eine noch relativ junge Erfindung des amerikanischen Herstellers Jockey, der das Modell 1934 patentieren liess und damit zu Weltruhm gelangte. Mit der so genannten Zellophan-Hochzeit erregte der US-Wäschehersteller Jockey 1938 die Gemüter. Ziel des Auftrittes eines Paars in transparenter Abendgarderobe war es, die ästhetischen Qualitäten der Leibwäsche plakativ zur Schau zu stellen.

Kulturgeschichte der Leibwäsche

Noch bis ins späte Mittelalter war Unterwäsche in Europa weder für Männer noch für Frauen üblich, wenngleich aus altrömischer Zeit Abbildungen existieren, auf denen Frauen bikiniähnliche Kleidungsstücke tragen. Es ist aber keineswegs klar, ob diese schon wie heute unter der Oberkleidung getragen wurden. Aus dem Mittelalter sind frühe Vorläufer der Männerunterhose bekannt – diese sahen heutigen Unterhosen ähnlich, es gibt aber zu wenig verlässliche Quellen darüber, ob sie auch tatsächlich so getragen wurden. Bis zum Ende des 19. Jahrhunderts wurde Unterwäsche vor allem aus Leinen gefertigt, weil diese relativ billig und gut waschbar war. Wäsche war damals grundsätzlich weiss, weil Leinen gebleicht werden musste und nur ungefärbte Stoffe derart behandelt werden konnten, dass Flecken vollständig verschwanden.

Erst zu Beginn des 20. Jahrhunderts entwickelten sich jene Formen der Unterwäsche, die wir heute kennen. Eines der bekanntesten Elemente aus dieser Frühzeit der Leibwäsche ist das T-Shirt, das ursprünglich ein Männer-Unterhemd war und heute den Weg in die Oberbekleidung gefunden hat. Und spätestens, seit Nick Kamen in Slips für Levi's Jeans warb und Madonna in Bustiers auf die Bühne stieg, hat sich die früher verschämt bedeckte Unterwäsche zum Trend- und Reizthema mit Tausenden von Facetten entwickelt.

Klassische Kombinationen

Drei Kombinationen, die jeder Mann besitzen sollte: klassisches, geripptes Unterhemd und Slip mit Y-Eingriff; körpernah geschnittenes Rundhals-Leibchen mit kurzen Ärmeln und eng anliegende «Pant» mit Beinchen sowie relaxt wirkendes V-Hals-Shirt mit Boxershorts. Letzteres dient auf Reisen auch als Nachtwäsche, wenn man mit leichtem Gepäck unterwegs ist und auf ein konventionelles Pyjama verzichten möchte.

Muhammad Ali, 1942 als Cassius Marcellus Clay Jr. in Louisville/ Kentucky geboren, war einer der grössten Boxer des letzten Jahrhunderts. Die Aufnahme aus dem Jahr 1965 zeigt Muhammad Ali in seinen typischen weissen «Everlast»-Boxershorts – seinen Gegner Sonny Liston schlug er in der ersten Minute der ersten Runde k.o.

Boxershorts

Die Boxershorts haben ihren Namen im Ring bekommen – allerdings erst etwa seit Ende des Zweiten Weltkriegs, als der englische Begriff für die Berufsbekleidung von Box- und Ringkämpfern auch in Europa in Gebrauch kam. Boxershorts sind aus festem, also nicht elastischem Stoff geschnitten und reichen bis höchstens zur Mitte des Oberschenkels. Das Rückteil wird nicht mit einer konventionellen Gesässnaht geschnitten, sondern einem mittigen «Panel», das mehr Bewegungsspielraum erlaubt. In der Taille werden Boxershorts von einem elastischen Bund gehalten – «richtige» Boxershorts zusätzlich von einer Schnur.

Die ersten Boxershorts gehen auf das Jahr 1925, als Jacob Golomb, Gründer der Marke Everlast, mit der Erfindung einer Hose mit elastischem Bund die damals noch üblichen Lederriemen überflüssig machte. Diese Hose gewährte dem Kämpfer mehr Bewegungsfreiheit und wurde deshalb rasend schnell populär. Für Boxer, die gewöhnlich mit freier Brust kämpfen, ist eine kurze, lose geschnittene Hose wichtig, um die Beine ungehindert bewegen zu können.

In den Siebzigerjahren erregte das amerikanische Versandhaus Sears landesweite Aufregung, als es in einem Katalog ein Foto eines männlichen Models zeigte, aus dessen Boxershorts kaum sichtbar der Penis (oder ein Hoden) heraushing. Das Foto wurde später retuschiert, sodass nie geklärt werden konnte, ob es ein Lapsus oder eine gezielte Provokation war. Verschiedene Studien zeigten später, dass Boxershorts für die Qualität des männlichen Spermas wegen ihrer weiten Passform günstiger sein sollen als eng anliegende Unterwäsche.

In den Achtzigerjahren erlebten die Boxershorts einen Boom als Unterwäsche: Nachdem das Model Nick Kamen damit in einem Werbespot für Levi's-Jeans zu sehen war, wollten alle modischen jungen Männer wieder weite Unterhosen haben.

Mikrofasern sind chemisch hergestellte Fasern mit einem sehr kleinen Durchmesser – kleiner als die der feinsten Fasern, die in der Natur vorkommen. Textilien aus oder mit Mikrofasern sind wasserdampfdurchlässig, angenehm zu tragen und atmungsaktiv, aber auch wasserabweisend, winddicht oder besonders reissfest. Sie verfügen über eine feine Optik und sind geschmeidig in Griff und Fall.

Als Mikrofasern gelten alle Fasern, deren Einzelfäden feiner als ein Denier sind – ein Denier entspricht etwa der feinsten Naturseide, Baumwollfasern haben etwa drei Denier. Die meisten Mikrofasern haben etwa 0,5 Denier Dicke – darunter spricht man von Supermikrofasern.

Mikrofasern werden auf hochspezialisierten Maschinen mit feinen Spinndüsen hergestellt – teilweise aus Rohstoffen natürlicher Herkunft (Baumwolle oder Zellstoff), teilweise auch aus rein synthetischen Materialien. In Bekleidung aus Mikrofaserstoffen findet man üblicherweise Etiketten mit Definitionen der Zusammensetzung, etwa «100% Polyester-Mikrofaser». Zahlreiche Hersteller benutzen eigene Marken- oder Warenzeichen, um ihre Gewebe zu benennen, etwa Trevira, Lycra, Diolen oder Tactel.

Mikrofasern werden in zunehmendem Mass in modischer Freizeitbekleidung, aber auch im Bereich der Wäsche eingesetzt. Letzteres vor allem darum, weil Mikrofasern sehr weich, pflegeleicht und elastisch sind, aber dennoch gut ihre Form behalten.

Was ist Polyester?

Polyester sind Polymere mit Esterbindungen. Obwohl Polyester entgegen weit verbreiteter Meinung in kleinen Mengen auch in der Natur vorkommt und dies seit 1830 auch bekannt ist, versteht man unter dem Begriff heute vor allem die Familie synthetischer Polymere (Kunststoffe), zu denen Polycarbonate und Polyethylenterephthalat (PET) gehören.
Der erste synthetische Polyester wurde im Ersten Weltkrieg als Imprägnierungsmittel verwendet. Polyester entstehen durch Polykondensation aus Hydroxycarbonsäuren (Typ 1) oder aus Dicarbonsäuren und Dialkoholen (Typ 2). Als Textilfaser hat Polyester verschiedene Eigenschaften: Er ist kaum dehnbar und darum formbeständig, weitgehend knitterfrei und reissfest, ausserdem nimmt die Faser kaum Wasser auf, weswegen sie für Sportkleidung gerne eingesetzt wird.
Zur Färbung der synthetisch erzeugten Polyesterfasern werden Dispersionsfarbstoffe verwendet, die zwar sehr tief in die Faser eindringen, leider aber aufgrund der zur Fixierung der Farben benötigten Zusatzstoffe auch gesundheitsschädlich sein können.

Mikrofasern sind feiner als jede Faser, die in der Natur vorkommt, und deshalb besonders weich und elastisch. Sie erfreuen sich in der Sport- und Freizeitbekleidung immer grösserer Beliebtheit.

KÖRPERPFLEGE

Ein guter Auftritt beginnt mit einer sorgfältigen Körperpflege – wer ein wenig auf sein Äusseres achtet, schliesst dabei automatisch Körperreinigung, Haarpflege, Mund- und Zahnhygiene mit ein. Schliesslich hilft einem der teuerste Anzug nicht weiter, wenn man schlecht riecht und vernachlässigt wirkt.

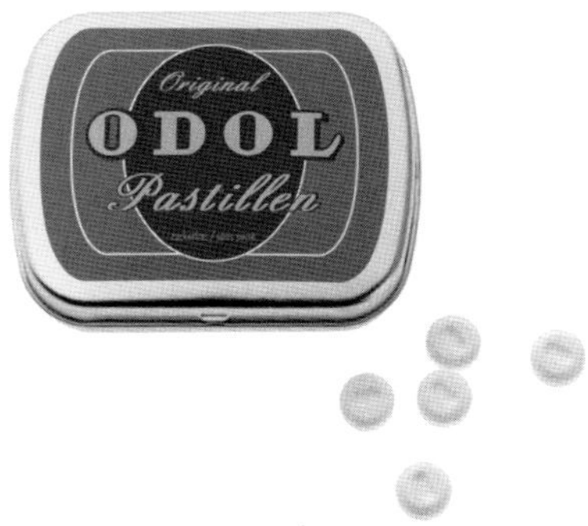

Haare und Nägel

Zu einem gepflegten Gesamteindruck gehört es, sich und seinem Körper dieselbe Aufmerksamkeit zu widmen wie seiner Garderobe. Den ständig wuchernden Organismus einigermassen in Zaum zu halten, sollte für jeden, der sich selbst nicht völlig aufgegeben hat, mindestens eine wöchentliche Pflicht sein.

Frisur

Männer sollten spätestens alle vier Wochen zum Coiffeur – in dieser Zeit wächst das Haupthaar im Schnitt einen Zentimeter, was sich vor allem im Nacken und über den Ohren deutlich bemerkbar macht. Sich ganz alleine mit entsprechendem Gerät selbst zu frisieren, ist keine gute Idee, weil man das selbst gebastelte Ergebnis von hinten meist als solches erkennt. Besser ist es, dafür den Partner oder einen guten Freund um Hilfe zu bitten. Übrigens: Männer haben keine «Frisuren», sondern nur einen Haarschnitt. Zu viel Ondulieren und Stylen ist etwas für kleine Mädchen.

Barthaar

Natürlich ist die tägliche, morgendliche Nassrasur noch immer ein Ritual, an dem Männer festhalten sollten. Aber auch ein Dreitagebart ist heute gesellschaftlich völlig akzeptiert – man sieht diese leicht aufmüpfige Mode heute sogar in den höchsten Chefetagen von Banken und Konzernen. Wichtig ist nur, dass das Gesichtshaar gepflegt und stellenweise etwas gestutzt wird – ein zweiwöchiger Wildwuchs sieht nur an Regenwald-Forschern glaubwürdig aus.

Übrige Gesichtshaare

Es ist leider so, dass ab 30 Jahren die Haare auf dem Kopf des Mannes nicht mehr so zügig spriessen, sich dafür der Wuchs der Augenbrauen, Ohr- und Nasenhaare verselbstständigt. Um diese kleinen Naturereignisse in Schach zu halten, bekommt man im Supermarkt oder im entsprechenden Fachgeschäft handliche Pflegewerkzeuge (Bild unten), mit denen sich das Gestrüpp schmerz- und risikolos entfernen lässt. Bitte nicht mit einer Schere in der Nase herumfuchteln!

Körperhaare

Brusthaare gelten als männlich und werden von der Frauenwelt meist hoch geschätzt. Wer also ein schönes Vorderfell hat, möge es regelmässig stutzen und pflegen – alle anderen, bei denen die Haare nur stellenweise spriessen, schneiden sie besser ab. Achselhaare gehören gestutzt oder ganz rasiert.

Finger- und Zehennägel

Achten Sie darauf, dass Ihre Fingernägel nie länger als 1,5 Millimeter sind, keine Risse und dunklen Ränder haben – dasselbe gilt für die Zehennägel, die tendenziell kürzer geschnitten werden dürfen. Maniküre und Pediküre sollten einmal in der Woche auf dem persönlichen Wellness-Programm stehen.

Hautpflege

Die Haut ist unser erstes Kleid – Mann tut also gut daran, sie mit pflegenden Substanzen und Cremes wenigstens einmal im Tag zu versorgen. Eine Gesichtscreme sollte heute auch für ausgesprochen lifestyle-resistente Zeitgenossen Pflicht sein.

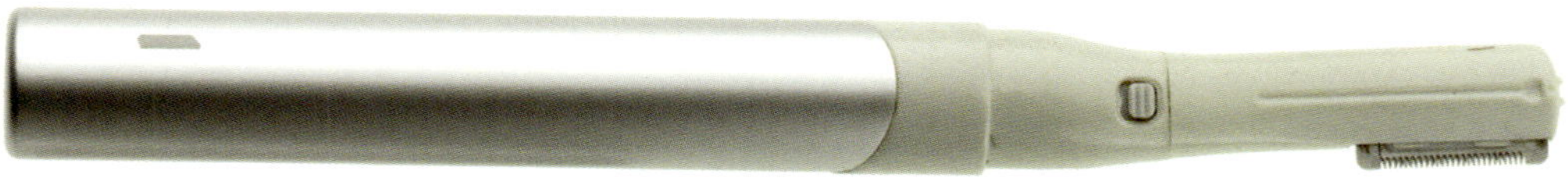

Im Uhrzeigersinn von oben links: **Talkpuder** beruhigt und trocknet gereizte oder fettige Haut. Ein schöner **Rasierpinsel** zum Aufschäumen der Rasierseife und eine gute **Klinge** garantieren noch immer die gründlichste Rasur. Ein **Deostift** verhindert übermässiges Schwitzen unter der Achsel und damit Geruchsbildung in der Kleidung. Ein klassisches **Eau de Toilette** – etwa Eau Sauvage von Dior – sorgt für herbe Frische. Ein **Nagelklipper** zum Kürzen der Fingernägel gehört in jeden Kulturbeutel.

Get in shape!

Es gab Zeiten, da war es in Ordnung, wenn ein Mann mit 35 einen sichtbaren Bauchansatz, mit 45 eine schöne Plauze und mit 55 eine Basspauke vor sich hertrug – der Bauch war eine Art Statussymbol des arrivierten Mannes. Man konnte das Volumen ja mit einem schönen Anzug in Übergrösse kaschieren. Tempi passati! Heute schauen auch viel beschäftigte, sehr erfolgreiche Männer darauf, trotz knapper Zeitreserven nicht aus der Form zu fallen. Anders gesagt: Es nützt einem der teuerste Anzug nichts, wenn man darunter nicht eine einigermassen akzeptable Figur herzeigen kann.

Gerade weil es in Zeiten des Überflusses und des Nahrungsmittel-Überangebots so schwierig geworden ist, die Figur im Schuss zu halten, ist es umso wichtiger, sich der Bedeutung eines guten Körpergefühls bewusst zu sein. Körperlich und mental in Form zu bleiben und damit entscheidend zur Volksgesundheit beizutragen, ist heute Bürgerpflicht. Ein zeitgemässes Körpermanagement besteht daher nicht nur aus äusserer Anwendung wie Rasur und Pflege, sondern setzt viel früher an – nämlich bei der Ernährung. Ein massvoller Umgang mit Essen, gerade abends nach 18 Uhr, hilft entscheidend mit, nicht unnötig Gewicht zuzulegen. Genussgifte wie Alkohol und stark fetthaltige Speisen sollten mit Vorsicht und in entsprechend zurückhaltender Dosierung konsumiert werden. Eine gezielte, individuelle Ernährungsanalyse und -beratung kann helfen, überflüssige Pfunde zu vermeiden bzw. diese wieder loszuwerden.

Unverzichtbar ist auch ein gerütteltes Mass an sportlicher Aktivität – und zwar nicht nur als Zuschauer vor dem Fernseher. Regelmässiges, moderates Jogging ist eine der effektivsten Arten, Herz, Kreislauf und Stoffwechsel auf Trab zu halten. Wer aufgrund von Gelenkschmerzen nicht gerne läuft, dem sei das Schwimmen empfohlen – die schwerelose Bewegung des Körpers im Wasser garantiert ein ganzheitliches und vergleichsweise schonendes Training. Auch sehr effektiv, gerade für Männer mit instabilem Rücken: das Rudern. Selbst wenn es nicht gelingen sollte, sich zu aktivem Sport aufzuraffen, sollte man mit bewussten körperlichen Aktivitäten dafür sorgen, dass der ganze Apparat nicht einrostet. Ansätze können sein: auf dem Arbeitsweg den letzten Kilometer aus Prinzip zu Fuss gehen, statt den Lift die Treppe benutzen oder nach dem Essen sowie vor dem Schlafengehen einen Spaziergang im Freien machen.

Wie sage ich's meinem Kollegen?

Es gibt Dinge, die auszusprechen Überwindung braucht – Mund- und Körpergeruch sind die häufigsten solchen Erscheinungen, mit denen man oft konfrontiert ist, die man aber nicht zu thematisieren wagt. Dabei kann beiden Seiten geholfen werden, wenn man die Dinge mit dem nötigen Fingerspitzengefühl beim Namen nennt – oft wissen die Betroffenen nämlich gar nichts von ihrem Übel.

Mundgeruch

«Foetor ex ore» oder Halitosis, wie der Facharzt sagt, entsteht durch flüchtige Schwefelverbindungen, die sich unter die Atemluft mengen. Die Stoffe entstehen durch bakterielle Zersetzung von Nahrungsmittelresten oder totem Gewebematerial. Meist ist mangelnde Mundhygiene der Grund des Übels.
Wer die Sache ansprechen will, verdreht am besten die Rollen und bezichtigt sich erst selbst des Mundgeruchs, indem man vorgibt, am Vorabend zum Beispiel Knoblauch gegessen zu haben. Das beiläufige «Du etwa auch?» dürfte einem danach umso leichter fallen. Wer es dennoch nicht übers Herz bringt: Im Internet gibt es Links, auf denen man dem Betroffenen diskret und anonym ein entsprechendes Mail mit medizinischem Rat zusenden kann.

Schweissgeruch

Übermässiger Körpergeruch kann für Mitmenschen eine ernsthafte Belästigung sein. Zwar gibt es seit Jahrzehnten wirksame Pflege- und Kosmetikprodukte dagegen, dies scheint aber nicht allen Zeitgenossen bekannt zu sein. Am besten, man beschenkt den Betroffenen mit solchen Dingen – wirksame Deodorants gibt es schon für wenig Geld. Besser und unmissverständlicher ist es aber, das Thema von Mann zu Mann, am besten auf gleicher hierarchischer Ebene, anzusprechen. Worte sorgfältig wählen und vielleicht etwas Humor mit ins Spiel bringen.

Schuppen

Gegen Schuppen ist kein Kraut gewachsen – stimmt nicht! In den meisten Fällen, ausser bei schwerer Schuppenflechte, ist der leichte Schnee, der sich von der Kopfhaut löst und sich auf den Schultern des Betroffenen niederlässt, mit entsprechenden Pflegeprodukten lösbar oder zumindest sichtbar zu reduzieren. Am besten ist es wiederum, sich selbst in den Mittelpunkt des Problems zu rücken, indem man zum Beispiel erzählt, davon auch schon betroffen gewesen zu sein und in diesem oder jenem Mittel eine geeignete Abhilfe gefunden zu haben.

Unsaubere Kleidung

Sich in unsauberer Bekleidung auf die Strasse zu wagen ist vielleicht in Ordnung, wenn man nachts den Hund spazieren führt... aber dreckig unter Mitmenschen aufzutauchen, ist mit Sicherheit kein hilfreicher Kunstgriff, um sich selbst mehr Respekt und Freunde zu verschaffen. Sollten Sie Kollegen haben, die wiederholt in schlecht gepflegter oder unsauberer Kleidung zur Arbeit erscheinen, lässt sich das Problem gut thematisieren, indem man ein Gespräch über Kleidersitten anzettelt und dabei eine eher konservative Rolle wählt. Erregt diese beim Gegenüber dann einen Protest, so lässt sich das Problem ganz leicht beim Namen nennen.

CASUALWEAR

Die Welt der Mode hat sich in den letzten 50 Jahren grundlegend verändert – Freizeitmode (oder Casualwear) und Sportbekleidung haben auf der Strasse die formelle Klassik abgelöst. Die grosse Mehrheit der unter 65-jährigen Bevölkerung trägt heute Kapuzenjacken statt Vestons, Baggypants und Jeans statt Flanellhosen und Turnschuhe statt lederner Schnürer.

T-Shirt-Pionier René Lacoste (1904–1996) war zusammen mit seinen Landsleuten Henri Cochet, Jean Borotra und Jacques Brugnon einer der «Vier Musketiere», die in den Zwanzigerjahren die internationale Tenniswelt dominierten. Die vier Franzosen holten 1927 und 1928 den Davis Cup für Frankreich. Lacoste (Dritter von links) gewann ausserdem als Einzelspieler etliche French Open, zweimal Wimbledon, 1927 die US Open und zweimal den Davis Cup. 1976 erst wurde Lacoste in die Hall of Fame des Welttennis aufgenommen.

René Lacoste

Es war eine Wette, die René Lacoste den Übernamen «Le Crocodile» bescherte. 1923 kämpfte er mit dem französischen Team im Davis Cup und wettete mit seinem Captain, das nächste Spiel zu gewinnen – er forderte als Prämie einen Reisekoffer aus Krokodilleder. Lacoste verlor das Match gegen den Australier James Anderson, doch beschrieb ein Reporter, dass Lacoste «wie ein Krokodil» gekämpft habe – eine Legende war geboren. René Lacoste adoptierte seinen Spitznamen und machte daraus ein Markenzeichen, indem er sich ein grosses grünes Krokodil auf die Brusttasche seiner Jacke nähen liess.
Zudem entwickelte er ein weiter geschnittenes, elastisches Polohemd, mit dem er besser Tennis spielen konnte, das erste «Jersey Petit Piqué». Nach Beendigung seiner Karriere als aktiver Spitzensportler machte sich René Lacoste daran, seine Ideen und sein Markenzeichen zu kommerzialisieren. 1933 gründete er die Bekleidungsfirma Lacoste und begann, seine typischen Polohemden in Masse zu produzieren. Bis 1951 gab es das typische Lacoste-Hemd ausschliesslich in der Farbe Weiss.

Casualwear regiert die Welt

Diesen Umstand zu beweinen oder zu verwünschen hiesse, Realitäten zu verkennen – die Begeisterung für Casualwear hat ja durchaus gute Gründe. Denn während sich die Klassik auf das Repetieren eines bekannten Kanons von Formen und Werten kaprizierte, hat sich die Sports- und Casualwear durch eine Fülle echter Innovationen hervorgetan. Im Bereich der Funktion, der Textiltechnologie und -verarbeitung, aber auch jenem der Kreativität bietet dieses Feld viel Neues. Allerdings ist mit den sackförmigen Bequemkleidern auch viel grundlegendes Know-how über Eleganz und Stil verloren gegangen.

Die kommenden Jahre werden eine Annäherung der beiden scheinbar unvereinbaren Disziplinen bringen – anders gesagt: Der Lederschuh wird vom Turnschuh lernen, wie er noch bequemer sein kann, und der Trainingsanzug lernt vom Anzug, dass Silhouette und Proportionen eben doch nicht völlig unwichtige Faktoren sind.

Ein moderner, entspannter Umgang mit Klassik und Casualwear lässt sich schon heute praktizieren – sei es mit dem so genannten Cross-Dressing (z.B. Army-Hose zum Smokingjackett) oder mit einer dosierten Lässigkeit in formellem Kontext. So lässt sich die Krawatte heute weitestgehend durch offen getragene Hemden oder Rollkragenpullover ersetzen. Kreativere Stoffe wie Samt oder spielerische Karos haben in der Alltagsgarderobe Einzug gehalten. Gürtel werden nicht mehr bloss als funktionelle Extras, sondern als Schmuckwerk verstanden.

Merke: Ein schlichter dunkler Anzug kann auch «casual» getragen werden – mit einem Shirt oder Pullover etwa. Zweireihige, graue und Nadelstreifen-Anzüge funktionieren dazu weniger gut, weil sie in ihrem Grundwesen deutlich formeller sind.

Chinos oder Baumwollhosen

Baumwollhosen aus robustem Twill sind eine bewährte Alternative zu feinen Wollstoffen und Flanell. Sie sorgen für einen moderat freizeitlichen Look und sind vielerorts deutlich besser akzeptiert als Blue Jeans. Die so genannten Chinos oder Khakis sind Nachfahren der Uniformhosen der britischen und französischen Kolonial-Armeen Mitte des 19. Jahrhunderts. Um Stoff zu sparen, hatten diese leichten Hosen keine seitlichen Taschen oder Aufschläge.

Casual Elegance

Casual heisst im Grunde nichts anderes als «der Situation angemessen». Meistens meint diese Kodierung aber «lässig und entspannt» in dem Sinne, dass man auf eine Krawatte verzichten darf. Zu einem privaten Abendessen erscheint man zum Beispiel «casual» – allerdings wählt der Gentleman auch dann immer ein Jackett und mindestens ein Shirt mit Kragen, besser aber ein offen getragenes Hemd. Im Winter wäre auch ein dunkler Rollkragenpullover eine gute Wahl. Tagsüber wäre man mit einem Pullover und Lumber noch angemessen angezogen, doch abends bleibt der Veston Pflicht – so viel Respekt vor dem Gastgeber muss sein.

Urban Casual

Immer öfter wird heute der Veston auf lässige Weise zu T-Shirts getragen – zu solchen mit oder ohne Kragen. Die Kombination des klassischen Jacketts mit Elementen der Sport- und Freizeitmode oder auch mit dunklen Jeans gibt dem Look etwas zwangloses, behält aber eine unterschwellig formelle Note. Wichtig: Zu Jeans gehören bei diesem Look lederne Schnürer statt Sneakers.

On the Beach

Völlig okay bei einem Strandspaziergang in Saint-Tropez oder zu einer tropischen Beachparty in der Karibik, aber sicher kein Outfit für den Stadtspaziergang: Mit aus der Hose hängendem Hemd und hochgekrempelter Hose macht man im urbanen Umfeld keine gute Figur, geschweige denn im geschäftlichen! Positiv vermerkt werden muss aber dies: Das sportive Leinenhemd ist eleganter als ein banales T-Shirt, und die leichte Baumwollhose sieht besser aus als Shorts oder Bermudas.

Merke: Sandalen sind eine schöne Erfindung, wenn sie eine flache Ledersohle haben und darin gepflegte Füsse stecken, natürlich grundsätzlich ohne Socken. Plastik-Flipflops und Dusch-Latschen aus Gummi sind für Männer mit Geschmack kaum eine Option.

Leinen ist eine der ältesten und robustesten Textilfasern der Menschheit. Das aus pflanzlichen Naturfasern hergestellte Gewebe, einst ein absoluter Basisartikel, kühlt angenehm und zeigt beim Tragen rasch sein typisches, edles Knittern.

Die Geschichte der Leinenfaser liest sich wie die Evolutionsgeschichte der Menschheit. Schon im ägyptischen Altertum war aus Flachs gewonnenes Leinen die wichtigste Faser zur Herstellung von Kleidung oder Bandagen zur Konservierung von Mumien. In Europa wurde Leinen ab der jüngeren Steinzeit (ca. 4000 v. Chr.) verarbeitet. Vom Mittelalter bis ins späte 19. Jahrhundert war Leinen das dominierende Gewebe für Haushaltswäsche und Unterbekleidung, danach wurde es von der Baumwolle verdrängt. Der Leinenanteil am weltweiten Faseraufkommen liegt heute bei nur noch zwei Prozent. Deshalb wird die Leinenfaser nicht mehr für Grundbedürfnisse verwendet, sondern für «edle» und entsprechend teure Sommertextilien. Leinen wird aus den Bastfasern der Stängel der blau blühenden Flachspflanze gewonnen. Dazu werden die reifen Pflanzen mit den Wurzeln aus dem Boden gerissen, zum Trocknen ausgelegt und anschliessend heiss gerottet (geröstet) oder taugeröstet. Dabei zersetzen die Feuchte des Morgentaus sowie Bakterien und Pilze die Pektine, welche die Fasern zusammenhalten. Danach folgen das erneute Trocknen, Brechen, Schwingen und Hecheln der Pflanzen, wobei die Fasern sukzessive freigelegt und weiter verfeinert werden.

Danach werden die Leinenfasern zu Garnen versponnen und schliesslich folgt das Weben, das normalerweise in der bewährten Leinwandbindung geschieht.
Die Tatsache, dass die Leinenfaser relativ glatt und flusenfrei ist, macht sie wenig anfällig für Schmutz und Bakterien. Gleichzeitig kann Leinen einen hohen Anteil der Luftfeuchtigkeit absorbieren und andererseits Schweiss an die Umgebungsluft abgeben. Dadurch wirkt die Faser wärmend und gleichzeitig angenehm kühlend. Die Leinenfaser ist sehr reissfest und daher strapazierfähig.
Aber sie ist auch extrem unelastisch, was die daraus gewobenen Stoffe sehr knitteranfällig macht. Die Textilindustrie hat dieses Manko aber längst zu einem Qualitätsmerkmal gemacht – aus Leinen gefertigte Sommerkleidung darf nicht nur, sondern muss knittern, um authentisch zu wirken.

Links: Blau blühendes Flachsfeld.
Unten: Die Leinen- oder Leinwandbindung ist eine der einfachsten, dichtesten und deshalb robustesten Webarten.

Der Pullover

Strickwaren sind die einfachste und stilvollste Methode, einem Look im Handumdrehen eine freizeitliche und sportive Note zu geben. Zur Grundausrüstung jedes Kleiderschranks sollten folgende Formen gehören: ein dunkler Rollkragenpullover, ein feiner Cashmere-Rundhals-Pullover, ein glatter V-Hals-Pullover, der auch gut über einem Hemd getragen werden kann, und ein ärmelloser Pullunder mit tiefem V-Ausschnitt, der über einem Hemd getragen auch zum Anzug passt.

Ausserdem braucht ein Mann auch Strickjacken – sei es für den Ausflug aufs Land oder für den Abend vor dem Kamin zu Hause. Notwendige Basics sind ein hochwertiger, nicht zu schwerer Feinstrick-Cardigan sowie eine festere Kabelstrick- oder Zopfmuster-Strickjacke mit Schalkragen, die bei mildem Wetter als freizeitlicher Jackenersatz funktioniert.

Handgestricktes hat in der Garderobe eines eleganten Herrn keine Chance – maschinengestrickter Cashmere- oder Merinowolle ist eindeutig der Vorzug zu geben.

Don't: Tragen Sie nie einen Pullover mit Ärmeln unter einem Anzug, denn dies schränkt Komfort und Bewegungsfreiheit drastisch ein.

Der Duke of Windsor, Edward VIII., beim Golfspielen. Der frühzeitig zurückgetretene englische Monarch schätzte die ungezwungene Lässigkeit der Sportbekleidung.

Sportjacken

Es ist eine verdriessliche Tatsache, dass die Outdoor- und Sportjacken in der Garderobe zahlreicher Männer den Platz einnehmen, der eigentlich dem Mantel zugedacht war. Sie ziehen diese Wanderjacken aus Nylon, Fleece und anderen Synthetics unverfroren über ihre Anzüge an – in der irrigen Meinung, dass der Gang ins Büro für die Stilnote nicht zählt. Outdoor-Jacken sind aber nur für Outdoor-Einsätze akzeptabel, also kaum je zu Hemd und Krawatte.

Barbour Jacket

Weil die englische Firma Barbour der erste Hersteller geölter und gummierter Baumwolljacken war, nennt man heute das ganze Genre dieser wetterfesten Allroundjacken so.

Lederjacke

Die aus dem Motorradsport stammende Lederjacke wurde in den Fünfzigerjahren von den Halbstarken populär gemacht. Geschickt kombiniert hat sie noch heute ein gewisses rebellisches Flair. Wichtigstes Qualitätsmerkmal ist in jedem Fall das verwendete Leder. Jacken mit sehr vielen kleinen Schnittteilen sind oft von minderwertiger Machart.

Caban

Die halblange, zweireihige Jacke aus dickem, wetterfestem Wolltuch wurde für Seeleute entwickelt, die sie auch heute noch tragen. Goldknöpfe sind eine Option.

Biker Jacket

Die modische Variante der Motorradjacke (rechts) ist eng auf den Leib geschnitten und wird am besten zu Jeans und T-Shirt getragen.

strellson
swiss cross

CHAMPAGNE
OËT & CHANDON
BRUT IMPÉRIAL

DER ABENDANZUG

Es gibt sie noch, die kostbaren Momente im Leben, wo es eben doch darauf ankommt, richtig angezogen zu sein. Grosse Galas, Feste, Empfänge oder Preisverleihungen erfordern auch im Zeitalter der Casualmode noch einen ganz bestimmten modischen «Comment». Im Folgenden alles über White und Black Tie, Abendanzug und Cocktailmode.

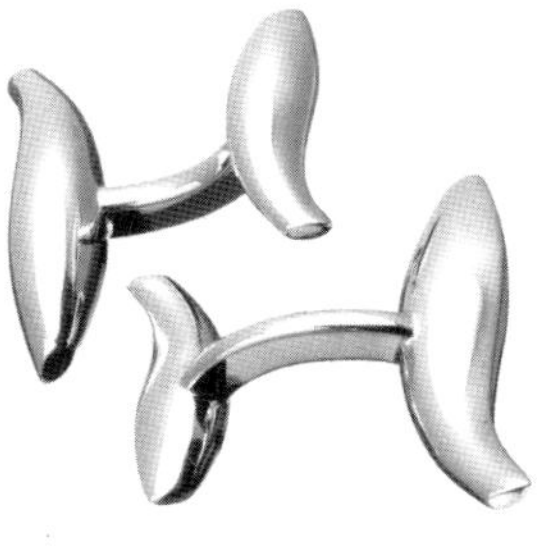

Der Stresemann

So manch historisch bedeutsame Figur hat der Welt ein modisches Element hinterlassen, das ihren Namen weiterträgt. Im Fall des deutschen Reichskanzlers Gustav Stresemann ist dies eine Kombination aus einer schwarz-grau gestreiften Hose und einem dunklen Jackett, wie sie heute vor allem auf Hochzeiten vom Bräutigam gewählt wird. Dazu gehören schwarze Schuhe, eine hellgraue (oder dunklere) Weste, eine schwarze Krawatte und ein festliches Hemd.
Der Stresemann ist ein Tagesanzug, der nur bis um 17 Uhr getragen wird und sich auch für andere gesellschaftliche Gelegenheiten wie Trauerfeiern, Bankette oder Empfänge anbietet. Im politischen Umfeld nennt man den Stresemann auch den «Bonner Anzug».

Die Ursprünge des Stresemanns gehen auf das Jahr 1925 zurück – das Jahr, bevor Gustav Stresemann für seine politische Karriere mit dem Friedensnobelpreis ausgezeichnet wurde. Der Stresemann ist ein frühes Zeugnis der «Casualisierung» der Männermode.
Der Reichskanzler soll es der Legende nach nämlich leid gewesen sein, zwischen Büro und dem deutschen Reichstag immer den Anzug wechseln zu müssen. Damals war im politischen Dienst noch der Cutaway üblich, der mit seinen langen Schössen im Büro aber eher hinderlich war. Gustav Stresemann löste dies mit einem etwas länger geschnittenen Gehrock, der die Brücke zwischen den beiden Schwerpunkten seines Lebens schlug.

Gustav Stresemann (1878–1929), Sohn eines Berliner Bierhändlers, war einer der prägnantesten deutschen Politiker des 20. Jahrhunderts. Der überzeugte Monarchist setzte sich im Ersten Weltkrieg dafür ein, das wilhelminische Deutschland als eine der Weltmächte zu positionieren. Bis zum Ende der Weimarer Republik war Stresemann einer der führenden politischen Köpfe Deutschlands. Das Bild zeigt Stresemann 1925 anlässlich der Unterzeichnung der Verträge von Locarno.

Die Kunst der grossen Garderobe

Man soll die Feste feiern, wie sie fallen – aber dabei nicht in die vielen Fallen tappen, die eine abendliche Einladung bergen kann. Machen Sie also nicht den Fehler, von dem jener junge Mann berichten kann, der zu einer abendlichen Einladung, die mit «Evening Cocktail» codiert war, im Smoking mit Kummerbund auftauchte und sich für den Rest des Abends wunderte, warum man ihn in der Gesellschaft permanent für den Kellner hielt. Er war mit seiner schwarzen Fliege und den Lackschuhen für diesen Event deutlich overdressed – ein schwarzer Anzug mit Krawatte (Bild Seite 150) und dunklen Schnürschuhen hätte gereicht. Traurig ist aber auch jener Junggeselle, der zur Black-Tie-Gala meinte, es reiche aus, wenn er sich lässig eine schwarze Krawatte umbinde und in Jeans und Veston auftauche. Man hielt ihn den ganzen Abend für einen einfachen Gehilfen und stellte ihm fortwährend die leeren Gläser hin. Dennoch konnte er froh sein, am Abend teilnehmen zu dürfen: An traditionellen Bällen wird man in der falschen Garderobe erst gar nicht zugelassen oder geradewegs zum Kleiderverleih umgeleitet, wo man sich für einen Abend den passenden Anzug ausborgen kann.

Es sind zwar nicht viele Gelegenheiten, zu denen man sich nach traditionellen Regeln herausputzt, aber es gibt sie noch – seien es ein Abend in der Oper, eine glamouröse Hochzeit oder auch einfach eine rauschende Gala. Jeder Mann sollte daher mindestens einen gut sitzenden, gepflegten Smoking haben – dieser schwarze oder nachtblaue Anzug lässt jeden Mann im Handumdrehen wie einen Galantier alter Schule aussehen.

Frack oder Smoking?

Einen Frack bereitzuhalten, ist zwar auch heute noch sicherlich schön, aber kaum mehr sinnvoll – diese höchste Königsklasse des Abendanzugs wird nur noch sehr selten gefragt, etwa zur Verleihung der Nobelpreise oder zum Wiener Opernball. Grundsätzlich trägt man einen Frack nur am Abend.

Diese Dinge sollten Sie mindestens besitzen, um für (fast) alle Fälle und Feste gerüstet zu sein:
- Smoking
- elegantes Abendhemd mit Doppelmanschette
- Manschettenknöpfe
- schwarze Fliege
- Seidenstrümpfe
- Lackschuhe
- Pochette
- elegante Armbanduhr
- dunkler Cashmere-Mantel

Merke: Ein Smoking sollte nie bei Tageslicht, sondern nur abends getragen werden.

Der grosse Abendanzug oder Frack (White Tie) ist für die feierlichsten Momente des Lebens: Fürst Rainier von Monaco (1923–2005) mit Grace Kelly in vollem Ornat.

Der seidene **Kummerbund** (oben) gehört zum Smoking (auch Tuxedo genannt) und wird mit den Falten nach oben getragen – in guten Modellen ist in den Falten eine kleine Tickettasche eingearbeitet. Eine **Fliege** (Mitte) sollte grundsätzlich von Hand gebunden sein – perfekte Symmetrie ist aber nicht erstrebenswert. Geschnürte **Lackschuhe** sind zum Smoking Pflicht – zum Frack gehören Lack-Pumps mit einer Rips-Schleife. Das **Abendhemd** mit Doppelmanschette, verdeckter Knopfleiste, plissierter Brust und Vatermörderkragen gehört im Prinzip zum Frack, wird aber oft auch zum Smoking getragen.

Die wichtigsten Dresscodes

White Tie ist die Königsklasse des Abendanzugs und steht für den Frack mit Schössen, der zu einer dunklen Hose mit doppelten Satinstreifen und Lack-Pumps getragen wird. Darunter trägt man ein Hemd mit Vatermörderkragen, Doppelmanschette und verdeckter Knopfleiste, eine weisse, selbst gebundene Pikee-Fliege und eine weisse Weste. Damen begleiten den Herrn in grosser, langer Abendrobe.

Black Tie steht für den Smoking mit schwarzer Fliege, nicht etwa mit Krawatte. Zum Smoking gehören schwarze, geschnürte Lackschuhe. Dazu kommen ein Hemd mit Vatermörderkragen, verdeckter Knopfleiste und Doppelmanschetten sowie eine selbst gebundene schwarze Fliege. Bunte Fliegen sind falsch. Der Kummerbund ersetzt den Gürtel. Die Dame trägt bei dieser Gelegenheit ein langes Abendkleid.

Black Tie Optional suggeriert die freie Wahl zwischen Smoking mit schwarzer Fliege oder dem dunklen Anzug mit Krawatte. Bunte Fliegen sind immer unangebracht. Man kann auch den Smoking zum geöffneten Hemd ohne Fliege tragen (siehe Bild rechts). Damen tragen Cocktailkleider, lange Abendkleider oder festliche Kostüme.

Morning Coat steht für den klassischen englischen Hochzeitsanzug, bestehend aus dem im Rücken länger geschnittenen Cutaway, gestreifter Hose, cremefarbener Weste und Plastron-Krawatte.

Formal oder Tenue de ville erfordert den dunklen Stadtanzug, den man auch im Büro tragen könnte. Dazu trägt man eine dunkle Krawatte und relativ schlichte Schnürschuhe mit Ledersohle. Dieser Dresscode wird auch «Cocktail», «Cravate noire» oder «Business Attire» genannt. Achtung: Bei Abendeinladungen bedeutet «Formal» sogar Black Tie.

Semi-formal ist der trickreichste Dresscode: Tagsüber verlangt er auf jeden Fall dunklen Anzug und Krawatte, nach 18 Uhr und zu einer Hochzeit allerdings durchaus auch den Smoking, wahlweise aber ohne Fliege, also Black Tie Optional. Damen tragen ein kurzes Cocktailkleid oder Abendgarderobe.

Come as you are klingt ungezwungen, doch es bedeutet nicht, dass man auch in Shorts aufkreuzen soll. Man erscheint so, wie man das Büro nach Arbeitsschluss verlässt: korrekt angezogen, in Anzug oder Kombination von Hose und Veston, mit Krawatte oder aufgeknöpftem Hemd. Wird auch «Day Informal» genannt.

Smart Casual heisst, wenn möglich bei Hemd und Sakko zu bleiben, jedoch ohne Krawatte. Ein Anzug wäre zu bemüht, besser ist eine Kombination aus Veston und Hose oder allenfalls ein legerer Freizeitanzug. Statt Hemd kommen auch Poloshirts oder Pullover in Frage. Loafers, Mokassins oder Slippers ersetzen den formellen Schnürschuh.

Casual steht für ein ungezwungenes Outfit, aber nicht für Sport- oder Strandbekleidung. Stilvoll sind Chinos, ordentliche Jeans, Kaschmirpullover, Poloshirts oder Blazer. Wird mit «Casual» zu formellen Anlässen eingeladen (wie z.B. einer Hochzeit), so ist ein lässig interpretierter Anzug angebracht. Sporty Casual verlangt einen Outdoor-Look mit Cord, Tweed, Jeans oder Baumwollhosen.

Tipp: Ein Gentleman lässt sich in der Wahl seiner Garderobe von der Tageszeit lenken. Ein Termin am Morgen oder Nachmittag verlangt nach anderer Kleidung als ein Drink oder Cocktail ab 18 Uhr. Abendveranstaltungen werden immer eleganter interpretiert. Wer unsicher ist, zieht sich stets besser ein wenig eleganter an, als man erwarten dürfte.

Die Pflege der Garderobe

Es gehört zu den unvernachlässigbaren Pflichten eines stilbewussten Mannes, seine Garderobe im Schuss zu halten. Sauberkeit adelt auch einen durchschnittlichen Anzug, wogegen ein schlampiger Look auch mit Luxusmarken nicht besser wird.

Ein zerknitterter Anzug wird 20 Minuten in einem abgeschlossenen Raum mit heissem Wasserdampf aufgehängt (vorzugsweise Bad oder Dusche), damit er seine Spannkraft zurückgewinnen kann. Das Dampfbügeleisen sollte nur mit äusserster Vorsicht und unter Verwendung eines Schutztuches zum Einsatz kommen.

Ein Anzug sollte in regelmässigen Abständen gereinigt werden. Das muss aber nicht zwingend in der Chemischen Reinigung sein, wo Stoff und Passform immer ein wenig leiden, sondern kann auch zu Hause gemacht werden. Eine Naturhaar-Kleiderbürste entfernt Schmutz und Staub schonend, ein kurzes «Dampfbad» gibt dem Material Spannkraft zurück.

Hosen werden auf Hosenbügeln am Saum aufgehängt. Wichtig: Umgeschlagene Hosensäume vorher wenden und von Staub befreien! Die Bügelfalte einer Hose sollte regelmässig aufgefrischt werden.
Vorsicht: Zwischen Dampfbügeleisen und Hosenstoff ein feuchtes Baumwolltuch legen, damit der Stoff keine Glanzstellen bekommt. Mit diesem Prozedere verschwinden auch Sitzfalten im Schritt und in der Kniekehle wieder.

Beim Ablegen der Krawatte nicht mit Gewalt ziehen, sondern den Hemdkragen hochklappen, die Krawatte behutsam lösen und über den Kopf nehmen.
Krawatten sollte man nie bügeln (und schon gar nicht waschen!), sondern kompakt aufrollen, um die Falten über Nacht zu glätten.

Hemden bügelt man leichter und dauerhafter, wenn man sie noch leicht feucht von der Wäscheleine nimmt und dann trockenbügelt. Ansonsten Hemd mit etwas frischem Wasser einsprühen, in einem verschlossenen Plastikbeutel einige Minuten durchfeuchten lassen und dann bügeln. Die Bügelfalte im Ärmel ist eine Frage des persönlichen Geschmacks.

Pflegehinweise
Das sind die wichtigsten Textilpflegehinweise, die Sie in Ihrer Bekleidung finden können:

Waschen in der Waschmaschine bei 60 Grad, andere Temperaturen deklariert.

Bleichen möglich

Bügeln Punkte zeigen Temperatur von 1 (lau) bis 3 (heiss) an.

Reinigen Buchstaben definieren die Art der chemischen Reinigung.

Nicht chemisch reinigen

Trocknen im Tumbler erlaubt (ein Punkt verweist auf Schongang).

Nicht im Tumbler trocknen

Tipp: Hervorragende Kleiderbügel aus Holz geben der Garderobe nicht nur ästhetischen Schliff, sondern sorgen gerade bei Vestons dafür, dass sie nicht aushängen und an Schulter und Armkugel «einknicken». Sie verlängern damit die Lebensdauer Ihrer Bekleidung erheblich.

«Auf Bügelfalten lege grossen Wert.
Tue aber alles, um das Gegenteil zu beweisen.»
Walter Serner, 1889–1942

Die Grössen

Es ist leider eine Tatsache, dass sich die Modebranche zwar globalisiert hat, sich aber nach wie vor nicht auf eine einheitliche Grössenbezeichnung einigen kann. Die babylonische Verwirrung wird von jenen Herstellern noch potenziert, die innerhalb des europäischen Marktes verschiedene Grössenschlüssel führen. Die folgende Übersicht der gängigsten Grössenbezeichnungen soll Ihnen helfen, Ihre persönliche Grösse leichter zu finden. Am besten notieren Sie Ihren persönlichen Grössensatz auf einem Kärtchen, das Sie im Portefeuille oder in der Agenda mit sich tragen.

Jacken, Mäntel, Vestons und Anzüge

Kursiv: Spezialgrössen für untersetzte oder besonders lange Männer.

Oberweite (cm)	EU-Grösse	US-Size
92	46	XS
96	48 *24/98*	S
100	50 *25/102*	M
104	52 *26/106*	L
108	54	XL
112	56	XXL

Hosen und Jeans

Bundweite (cm)	EU-Grösse	US-Size
80	46	32
84	48	33
88	40	34
92	52	36
96	54	38
100	56	40

Hemden und Shirts

Kragenweite (cm)	EU-Grössen	US-Size
35 bis 36	35/36	XS
37 bis 38	37/38	S
39 bis 40	39/40	M
41 bis 42	41/42	L
43 bis 44	43/44	XL
45 bis 46	45/46	XXL

Unterwäsche

Wäschegrösse	EU-Grössen	US-Size
3	46	XS
4	48	S
5	50	M
6	52	L
7	54	XL
8	56	XXL

Gürtel

Taillenumfang (cm)	EU-Grössen	US-Size
80	80	XS
85	85	S
90	90	M
95	95	L
100	100	XL
105	105	XXL

Schuhe

Fusslänge (cm)	EU-Grössen	US-Size
25,6	40	7
26,3	41	7,5
27	42	8,5
27,6	43	9
28,3	44	10
29	45	11

Handschuhe

Handumfang ohne Daumen (cm)	Grösse
12	1
13	2
14	3
15	4
16	5
17	6
19	7
22	8
25	9
27	10

Das Budget

Eine ordentlich geführte Business-Garderobe ist natürlich nicht umsonst zu haben, kostet aber, wenn man mit einem Auge für Qualität und moderne Klassik einkauft, auch nicht alle Welt. Folgende Grundinvestitionen und Folgekosten pro Saison sind etwa nötig:

Artikel	Executive	Standard	Basic	Grundbedarf
Anzüge	1200.–	900.–	650.–	6 Stück
Hemden	600.–	500.–	400.–	10 Stück
Schuhe	800.–	600.–	350.–	4 Paar
Socken	350.–	300.–	200.–	10 Paar
Unterwäsche	300.–	200.–	150.–	8 Sets
Accessoires, Diverses	400.–	300.–	200.–	
Mäntel	950.–	750.–	550.–	3 Stück
Reinigung, Änderung, Diverses	300.–	200.–	150.–	
Saisonales Budget	4900.–	3750.–	2650.–	
Budget pro Tag	26.–	20.–	14.–	

Angaben in Schweizer Franken

Die oben aufgezeigten Grundinvestitionen werden wohl kaum je in einem einzigen Mal getätigt, sondern bilden den Minimalbedarf, der in einem guten Kleiderschrank vorhanden sein sollte. Darüber hinaus müssen weitere Mittel für Casualwear wie Poloshirts, Jeans, Pullover sowie ein Budget für Sportbekleidung eingerechnet werden.

Sie sehen: Gut aussehen kann man nicht umsonst. Wohl kann man mit etwas Spürsinn und genügend Zeit günstigere Alternativen zu den oben genannten Richtpreisen finden. Ob man dort aber auch immer gute Qualität und Passform bekommt, ist fraglich. Selbst Reiner Pichler, Chef des Kreuzlinger Konfektionärs Strellson, sagte einst: «Mit Anzügen ist es wie mit Wein: Man bekommt einfach keinen Superwein für wenig Geld.»

Sollten Ihnen die oben genannten Preise zu hoch erscheinen, so halten Sie sich vor Augen, dass der Besitz und Betrieb eines durchschnittlichen Autos gegen 1000 Franken im Monat verschlingt, von Luxuswagen ganz zu schweigen. Mindestens so viel wie ein Auto sollte einem Mann im Grunde auch sein Outfit wert sein.

Tipp: Machen Sie vor Ihrem nächsten Einkauf einen kleinen «Spickzettel», auf dem Sie laufend alle notwendigen Investitionen notieren. Und vereinbaren Sie im Geschäft Ihrer Wahl einen persönlichen Termin (auch nach Ladenschluss), um in aller Ruhe und mit professioneller Beratung einkaufen zu können.

Register

Literaturverzeichnis

Für weiterführende Information und Inspiration zum Thema Männermode empfehlen wir folgende Lektüre:

Amies, Sir Hardy:
Anzug und Gentleman
Lit Verlag, Münster 1997

Asserate, Asfa-Wossen:
Manieren
Eichborn Verlag, Frankfurt a. M. 2003

Barthes, Roland:
Die Sprache der Mode
Suhrkamp, Frankfurt a. M 1985

Chenoune, Farid:
A History of Men's Fashion
Flammarion, Paris 1993

Cicolini, Alice:
The New English Dandy
Thames & Hudson, London 2007

Davies, Hywel:
Modern Menswear
B&T Publishers, London 2008

Flusser, Alan:
Dressing The Man
Harper Collins, New York 2002

Lenius, Oscar:
Der stilvoll gekleidete Herr
Lit Verlag, Münster 1997

Loschek, Ingrid:
Fashion of the Century
Chronik der Mode von 1900 bis heute
Battenberg, Augsburg 1999

Roetzel, Bernhard:
Der Gentleman
Handbuch der klassischen Herrenmode
Aschendorff, Köln 2004

Sherwood, James:
The London Cut
Savile Row Bespoke Tailoring
Marsilio Edizioni, Venedig 2007

Thiel, Erika:
Geschichte des Kostüms
Henschel, Berlin 2000

Thull, Stefan:
Männermode, Das Lexikon
Arnoldsche Art Publishers, Stuttgart 1998

Der Dresscode Ergänzte und überarbeitete Neuauflage

Herausgeber: Herren Globus, Magazine zum Globus AG, Spreitenbach
www.herrenglobus.ch

Konzept, Gestaltung und Realisation: Scherer Kleiber CD, Zürich

Text: Jeroen van Rooijen

Styling: Clifford Lilley, Dawn Cleis, Elvira Borbely, Werner Baumgartner

Lektorat: Christina Sieg, Zürich

Druck: Himmer AG, D-Augsburg

Bildnachweis: Pier Luigi Macor: Schutzumschlag, Seiten 6, 21–23, 35–38, 40–43, 50, 53, 60, 70, 75, 77, 80, 87, 90r., 94–106, 112, 124, 132, 138, 142, 143, 148, 150, 157

Marie-Pierre Morel: Vorsatz, Seiten 8, 19, 27–29, 32, 55, 101, 159, 167, Nachsatz

Fotodesign Hansjörg Volkart / Claudia Fagagnini: Seiten 41, 44, 47, 49, 61, 65, 71, 79, 81, 90l.,M., 93, 95, 103, 105, 107–109, 111, 113–115, 118–120, 122–123, 125, 133–135, 139, 141, 145, 147, 148, 150, 154

Raphael Zubler: Seiten 57, 59, 69, 74, 82, 83, 85, 89, 97, 99

Keystone Switzerland: Seiten 12, 14, 15, 17, 26, 34, 44, 48, 56, 58, 63–65, 67, 68, 78, 84, 86, 88, 91–93, 105, 117, 121, 129–131, 136, 140, 144–146, 152, 155

Reuters SA: Seite 31

Alexandra Wey: Seite 163

Dietmar Henneka: Seiten 100, 101

Albert Maria Wellenreuther: Seite 100

Jeroen van Rooijen, Yves Scherer: Seiten 66, 78, 128

Archiv Dieter Meier: Seite 16

Burberry of London: Seite 98

Strellson: Seite 149

Berling Optik: Seite 116

IWC, Omega, Jaeger, Tissot: Seite 118

Jockey International: Seite 127

ISBN 978-3-280-05312-6

Bibliografische Information der Deutschen Bibliothek:
Die Deutsche Bibliothek verzeichnet diese Publikation in der Deutschen Nationalbibliografie;
detaillierte bibliografische Daten sind im Internet über http://dnb.d-nb.de abrufbar.